DIE ZUGSPITZE

Menschen • Massen • Mythen

Bernd Ritschel • Tom Dauer

DIE ZUGSPITZE

Menschen • Massen • Mythen

Bruckmann

Inhaltsverzeichnis

Für unsere Eltern,
die die Berge lieben

Vorwort

Wir hatten ein Bild im Kopf. Das, was wir für die Zugspitze hielten, hatte sich in unseren Gehirnen bereits festgesetzt. Technik und Tourismus – Der Berg im Würgegriff oder so ähnlich würde der Titel des Buches folglich lauten. Anhand zahlreicher Beispiele würden wir zeigen und schildern, was der Mensch so alles anrichten kann im Gebirge. Und unserer von Bergbahnen, Hütten, Klettersteigen und einem massiven Publikumsverkehr bedrohlich angeknacksten Alpinisten-Ethik wäre schlussendlich Genugtuung widerfahren.

Es ist anders gekommen. Je mehr wir über die Zugspitze lasen, je öfter wir sie besuchten, mit der Bahn oder zu Fuß, desto verschwommener wurde das Bild vor unseren Augen. Bis seine einfache Struktur nicht mehr zu erkennen war. Stattdessen war etwas Neues entstanden: Ein facettenreiches und vielschichtiges Gemälde, das Deutschlands höchsten Berg aus verschiedenen Perspektiven zeigt. Denn die Zugspitze ist weit mehr als eine auffällige Landmarke. Sie ist ein Ort mit Geschichte. Und ein Hort zahlreicher Geschichten, die sich um den Gipfel ranken. Die von Entdeckungslust und Pioniergeist, von Besessenheit und Hybris, von Beschaulichkeit und von Extremen, von Wissenschaft und Kuriositäten, von Menschen und Mythen handeln. Und die den höchsten Berg zu einem Mikrokosmos der Gesellschaft machen.

Letzten Endes musste der Versuch, das mehrmals umgebaute und ganz persönliche Konstrukt namens »Zugspitze« in Worte zu fassen, bruchstückhaft bleiben. Zu hoch ist der Berg mit seinen 2962 Metern, als dass sich das Besondere an ihm zwischen zwei Buchdeckel pressen ließe. Nein, die Zugspitze hat nicht unendlich viele Gesichter. Aber sie ist ein Mosaik aus Steinen, das immer wieder anders zusammengesetzt, immer wieder aus einem anderen Blickwinkel betrachtet und immer wieder vor einem anderen Hintergrund begutachtet wird. Sollte dieses Buch die Lust zum Schauen und Staunen wecken, hätte es seinen Zweck erfüllt.

München, August 2000

Tom Dauer/Bernd Ritschel

Mondlicht erhellt das Höllental. Garmisch-Partenkirchen, im Nebel, muss Kunstlicht benützen.

Vorhergehende Doppelseite: Fast 2000 Höhenmeter fallen die Westabstürze des Zugspitzmassivs ins Ehrwalder Becken ab. Rechts die Mieminger Kette.

Sie ist nicht die Schönste im Land.
Einen Spiegel hat sie trotzdem:
den Eibsee.

Sogar die Zugspitze erfüllt das klassische Bild eines Berggipfels – wenn der Vordergrund ausgeblendet wird.

Der Kulminationspunkt des Wettersteingebirges – ein Bollwerk gegen die Schlechtwetterfront.

Ein Lieutenant und seine Nachfolger

Die alpintouristische Erschließung der Zugspitze

Es ist ein Phänomen der hochalpinen Geschichtsschreibung, dass sie seit jeher selbst Gegenstand von Reflexion und Kommentar ist. Vielleicht muss das so sein, wenn sich ein kleiner Kreis vermeintlicher und tatsächlicher Experten mit einem hoch spezialisierten Tun befasst: dem Bergsteigen. Jedenfalls wird bis heute jede außergewöhnliche alpinistische Tat in Form von Erlebnisberichten, Reportagen, Porträts und Wertungen aufgearbeitet. Und diese werden wiederum bearbeitet, und diese wiederum. Wobei egal ist, ob es sich bei dem Träger der entsprechenden Aussagen um ein Buch, eine Zeitschrift, das Radio, das Fernsehen oder das Internet handelt. Tatsache bleibt, dass sich auf diese Art und Weise dem jeweils letzten in der Reihe der Chronisten ein geradezu unübersichtlicher Fundus an Materialien offenbart. Besonders wenn es um die Zugspitze geht.

Dass es unmöglich ist, die eigentlichen Inhalte der Beschreibung, also die ersten Besteigungen der Zugspitze, unmittelbar zu erfassen – das dürfte aufgrund der Gesetzmäßigkeiten biologischen Werdens und Vergehens einleuchtend sein. Natürlich könnten wir versuchen, die Geschehnisse in die Form einer dramaturgisch ansprechenden Reportage zu gießen, doch würde diese ein kaum mehr akzeptables Maß an Fantasie beinhalten. Wenden wir uns stattdessen lieber den Beschreibungen der Inhalte zu. Und zwar dergestalt, dass Originaldokumente über die ersten alpinistischen Gehversuche an der Zugspitze zitiert werden, sofern es sie gibt. Gibt es sie nicht, sind wir auf Beschreibungen der Beschreibungen angewiesen. Und damit abhängig von den Sichtweisen, Einstellungen, (Vor-) Urteilen und Launen der jeweiligen Verfasser, denn es gibt nichts Beobachtetes ohne Beobachter. Einen Versuch soll es trotzdem wert sein – die Geschichte der alpinistischen Zugspitzerschließung kritisch zu lesen.

»Als der erste namentlich bekannte Zugspitzersteiger«, schreibt der Alpinjournalist Fritz Schmitt in seiner Wettersteinmonografie, »darf Lieutenant Josef Naus gelten«. Tatsächlich spricht nach heutigem Kenntnisstand alles dafür, dass Naus am 27. August 1820 auf dem 2962 Meter hohen Gipfel stand, doch dazu später mehr. Schmitt äußert immerhin auch die Vermutung, »daß vor dem Lieutenant Naus der Zugspitzgipfel schon erreicht wurde«. Indiz dafür

Junimorgen am Barmsee.
Alpspitze (links) und Zugspitze
im Nebelschleier.

Linke Seite: Die Zugspitze
aus 3500 Meter Höhe.

sei eine handgezeichnete, kolorierte Karte, entstanden zwischen 1750 und 1780, die zwar recht einfach gestaltet sei, aber aufgrund von 47 eingetragenen Örtlichkeiten eine enorme Detailkenntnis verrate. Und da gebe es auch diese gestrichelte Linie über das Zugspitzplatt zum Gatterl (in der Karte als »Törle« verzeichnet), bezeichnet als »Weeg oder »Gangsteig« und durch folgende Tabelle ergänzt:

»Beschreibung des Reinthals vom Rheintaller Hauß bis uf dem Anger

Von Erstgemergelten Reinthaller Hauß		
bis zum hindern Clämel		1 Stundt
Von disem Clämel bis zum Pockhüttl		3/4 Stundt
Von diesen Hüttl bis zur Rauschhütten		1 Stundt
Von der Hütten bis zum Fall Clämel		1 Stundt
Von diesen Clämnel bis ufn Anger		3/4 Stundt
Von solchen ybers blath uf Zugspitz		4 Stundt
	macht	8 1/2 Stundt«

Es könnte also durchaus sein, dass die Angst der Einheimischen vor dem viel zitierten »Zuggeist« so groß gar nicht gewesen ist. In Gestalt eines »Geieradlers« sollte der, so will es die Sage, den Gipfel der Zugspitze bewachen, »bis dieselbe von Menschen erstiegen würde – er meinte damit auf immerdar.« Anzunehmen ist eher, dass Jäger und Förster schon in frühen Jahrhunderten die höchsten Regionen der Alpen durchstreiften. Von anderen Gesellen, die sich dort herumtrieben, berichtete Karl Stieler 1873: »In der guten, alten Zeit, da es noch der Mühe werth war, ging das Schmugglerhandwerk sehr lebhaft in diesen Bergen.« Wer weiß, vielleicht wählte auch einmal einer dieser Burschen den Umweg über die Zugspitze.

Zurück aber zu Lieutenant Josef Naus. Der war im Sommer 1820 im Auftrag des »Topographischen Bureaus« ins Werdenfelser Land gekommen, um dieses für den »Atlas von Bayern« (im Maßstab 1:50 000) zu vermessen und aufzunehmen. Im Laufe dieser Arbeit bestieg er verschiedene Gipfel oberhalb des Loisachtals, bevor er am 26. August 1820 zusammen mit Hauptmann Jetze, Lieutenant Anlit-

Ein Sonnenaufgang im Mai.
Die Zugspitze aus dem Murnauer Moos.

Blick über die Ehrwalder Sonnenspitze auf die Südwestseite der Zugspitze.

Vorhergehende Doppelseite: Der Westgipfel im Jahre 1883 – schon damals nicht mehr im Urzustand.

Blick aus den Ammergauer Alpen auf die 1000 Meter hohe Nordseite.

schek, dem Offiziersburschen und Messgehilfen Maier, von dem kein Vorname überliefert ist, und dem Bergführer Johann Georg Tauschl aus Partenkirchen durch das Reintal zur alten Angerhütte ging. Letzterer übrigens firmiert in der Literatur seitdem, aus irgendeinem unerfindlichen Grund, als Deuschl.

Das allerdings ist nichts Besonderes, denn selbst Josef Naus wurde im Laufe der Jahre Opfer einer Namensverwechslung. Schuld daran war offensichtlich Max von Prielmayer, der in seinem 1893 erschienenen Werk »Die Erschließung der Ostalpen Band I« dem Lieutenant den Vornamen *Karl* unterschob. Als solcher firmierte er etliche Jahrzehnte, bis der Alpinhistoriker Franz Graßler in einem 1970 erschienenen Artikel diesen Irrtum mit geradezu kriminalistischer Sorgfalt aufdeckte. Richtig dagegen hatte von Prielmayer analysiert: »Der erste Bezwinger der Zugspitze war keiner von den Einheimischen aus Partenkirchen oder Garmisch, Lermoos oder Ehrwald. ... Ein Fremder war es, der zuerst den Fuß auf ihren Scheitel setzte.«

Angesichts der bayerisch-österreichischen Animositäten, die im Zusammenhang mit der Zugspitze immer wieder hör- und lesbar werden und von denen in diesem Buch noch die Rede sein wird (3. Kapitel), hat dieser leicht gekränkte Tonfall natürlich eine kräftig meinungsmachende Wirkung. Tatsache ist aber, dass Josef Naus am 29. August 1793 in Lechaschau im tirolerischen Außerfern zur Welt kam, dann Vermessungswesen studierte, am 4. April 1813 in die bayerische Armee eintrat und am 22. Juni 1857 nach einer erfolgreichen militärischen Laufbahn als Generalmajor in den Ruhestand ging. Gestorben ist er am 6. September 1871 in München.

Es gibt eine Offizierspersonalakte über Josef Naus, in dem seine Größe mit »5 Schuh, 8 Zoll« angegeben wird. Er habe dunkelbraune Haare und Bart gehabt, eine »hohe Stirn«, braune Augen, eine »proportionierte« Nase und die Gesichtsfarbe sei »gefärbt« gewesen. So viel zu seinem Äußeren. Über sein Gefühlsleben ist kaum mehr bekannt, denn obwohl er vom 19. Juni bis Ende 1823 ein Tagebuch führte, hat er darin keinen besonderen Emotionen Ausdruck gegeben. Dass es dieses Tagebuch überhaupt noch

Nach einem Wettersturz. Die Gipfelregion im August.

Am 19. März 1922 landet Hauptmann Franz Hailer auf dem Schneeferner.

gibt, verdankt die Nachwelt dem einstigen Leiter des Alpinen Museums in München, Carl Müller, der in der Deutschen Alpenzeitung von 1920 den Text »Der erste Zugspitzersteiger und sein Tagebuch« veröffentlichte. Das Original nämlich ging unwiderbringlich verloren, als das Museum während des Zweiten Weltkriegs ausbrannte.

Müller teilt indes immerhin mit, dass »die vielen Seiten von einer zierlichen, an Frauenhand gemahnenden Handschrift beschrieben« seien. Wie gesagt, es ist der 26. August 1820, von dem Naus schreibt: »Übernachtet in der Hirtenhütte, von einer Menge Flöhe dergestalt gemartert, daß ich wachend am Feuer die halbe Nacht mit Tötung derselben zubringen mußte. Endlich retterirte ich mich unter freien Himmel und schützte mich mit dem Regendach vor dem Regen.

27. August. Früh 4 Uhr von der verwünschten Flohhütte über das Blatt durch den Schneeferner hinter dem Zugspitz an die Gränze … Vergeblicher Versuch den Zugspitz zu besteigen. Abermaliger Versuch, welcher endlich nach einigen Lebensgefahren und außerordentlichen Mühen gelang. Nach 1³/₄ Stund erreichten wir, mein Bediente [der vornamenlose Maier] und unser Führer Joh. Georg Tauschl aus Partenkirch um ³/₄ 12 Uhr die höchste Spitze des noch von keinem Menschen bestiegenen, so verschrienen Zugspitzes. Mangel an Zeit und Material verhinderte uns eine Pyramide zu errichten. Nur ein kurzer Bergstock mit einem rothen Sacktuch daran befestigt, dient zum Beweise, daß wir dagewesen.

Nach 5 Minuten wurden wir schon von einem Donnerwetter, mit Schauer und Schneegestöber begleitet, begrüßt und mußten unter größten Gefahren die Höhe verlassen.« Es folgte ein haarsträubender Abstieg, zunächst über Schuttreißen hinunter, dann über den Schneeferner, »welcher an sehr vielen Stellen mit ungeheuer tiefen und 2 bis

15 Fuß breiten Spalten vergefährlicht ist. … Um 3 Uhr traf ich meine Freunde und Reisegefährten am Anger im Flohhüttchen wieder. Um so angenehmer war das Wiedersehen, da ich mehrmalen zweifelte, mein Leben erhalten zu können.« Seinen Bergführer entlohnte Naus mit 2 Gulden und 42 Kreuzern.

Leider erging es dem wackeren Offizier wie so vielen Alpinisten vor und nach ihm: Im Tal wollte ihm niemand seine Besteigung glauben. So schreibt ein Dr. Dieterich, praktischer Arzt aus München und Garmischer Sommerfrischler, noch in den »Bayerischen Annalen« vom 7. Oktober 1834: »Schon Manche – und darunter die verwegensten Gemsjäger – hatten die Zinnen des Zugspitzes zu erklimmen versucht, alle aber waren nicht weiter gekommen, als bis an deren ersten Kopf am Ende des Schneeferners; wie sie hier die nackten Spitzen fast pfeilgerade in die Höhe ragen sahen, sank Allen der Muth und Jung und Alt erzählte es sich als eine Unmöglichkeit, auf diese Spitzen zu gelangen!«

Ein Ausschnitt …

Max Krieger, einer der ersten Zugspitz-Chronisten, verweist in seiner 1884 erschienenen »Geschichte der Zugspitz-Besteigungen nach einem in der Alpenvereinssektion München gehaltenen, später ergänzten Vortrage« in einer Fußnote darauf, dass eine kartografische Aufnahme der »Grafschaft Werdenfels« bereits 1804 erfolgt sei, und zwar durch den »Churfürstlichen Ingenieur-Geographen« Alois von Coulon. Dieser Umstand habe die Vermutung wachgerufen, die Zugspitze sei womöglich sogar schon vor Naus erstiegen worden. »Eine solche Thatsache wäre aber dem im gleichen Bureau verwendeten Lieutenant Naus gewiß nicht unbekannt geblieben! Die Akten des Bureaus enthalten über eine vorgängige Besteigung nichts.« Dennoch wurde die Leistung Naus' noch bis in die jüngste Vergangenheit angezweifelt, zuletzt 1978 von Bernhard Kammer und Ludwig Rosenmeier: »Die Beschreibung der Zugspitzbesteigung durch Josef Naus weist in einigen Punkten dunkle Stellen auf (Zeiten, Gelände, Sicht). Daraus schließen wir, daß Josef Naus die höchste Felserhebung, den Ostgipfel, wahrscheinlich nicht erreicht hat.«

Man muss dazu wissen, dass die Zugspitze im Grunde genommen zweigipflig ist. Die Vermutung der Zweifler ist deshalb durchaus richtig, da Naus auf dem damals noch im Naturzustand befindlichen Westgipfel stand. Wie dem auch sei. Immerhin ergriff auch ein so kompetenter Fachmann wie der Alpinjournalist Toni Hiebeler, der die bisher wohl umfassendste Chronik des frühen alpinistischen Geschehens an der Zugspitze veröffentlichte, für Naus Partei. Dieser sei »zweifellos in Hochform« gewesen und außerdem »in erster Linie Offizier und kein Mann des Schreibens«.

Schon bald fand seine Tat, deren Wahrheitscharakter nun nicht mehr angezweifelt werden soll, erste Nachfolger. 1823 stiegen der Maurermeister Simon Resch aus Partenkirchen und der »Schaf-Toni« aus Telfs, damals Hirte im Reintal, auf den Ostgipfel der Zugspitze. Leider wurde ihnen genauso wenig geglaubt wie ihrem Vorgänger. Es war nun einmal so, dass sich derartige Unternehmungen damals noch in richtiger Wildnis abspielten, unbeobachtet und unvermittelbar für jene, die nicht dabei sein konnten oder wollten. So brauchte es schon einen glaubwürdigen Zeugen, sollte auch der letzte Zweifler überzeugt werden.

Der trat anlässlich der dritten Besteigung am 18. September 1834 auf den Plan, als Simon Resch, sein 15-jähriger Sohn Johann und Johann Barth, genannt Hanni, der erste richtige Zugspitzführer, wiederum den Ostgipfel betraten. An diesem Tag nämlich, schreibt Krieger, folgte »ein gänz-

... vom Ganzen. Der Jubiläumsgrat verbindet Zugspitze und Alpspitze.

lich unbetheiligter Mann, der damalige Besitzer des ›Kanitzer‹- jetzt ›Kainzen‹-Bades, A. Hibler« den Bergsteigern. »Hibler hatte nämlich davon gehört, daß Resch um die Mittagszeit zur Besteigung der Zugspitze aufgebrochen sei, und hauptsächlich auf Andrängen der von Neugierde geplagten Badegäste den Entschluß gefaßt, sich über die Möglichkeit der Besteigung Gewißheit zu verschaffen, und also dem Resch nachzugehen.«

Am Beginn des Schneeferners wartend, hatte er bald »die Freude, die drei Männer an der Felsenwand rechts über das Steingerölle herabklettern zu sehen; man rief sich gegenseitig an, und Hibler erkannte schon aus dem freudigen Gejohle der Drei, daß sie die Zugspitze glücklich bestiegen hatten.« Die wollten ein weithin sichtbares Zeichen ihres Triumphes setzen, weshalb sie auf dem Gipfel ein Feuer entfacht hatten, in dessen Glut sie »um möglichst starken Rauch zu erzielen, alles Entbehrliche, mitgebrachtes Pech und schließlich selbst ihre Sacktücher« warfen.

Selbst der kritische Dr. Dieterich schien überzeugt und ließ sich zu der Prognose hinreißen, dass der Berg mit der Zeit seine Gefahren verlieren würde. »Dann dürfte auch der weniger geübte Bergsteiger im Stande sein, die Spitze dieser ungeheuren Felspyramide zu erklimmen, wo bei einer unermeßlichen Fernsicht und im Genusse der reinsten Alpenluft Geist und Gemüth sich erheben und im Menschen Empfindungen aufleben, an die er sich stets mit Hochgefühl erinnern wird.«

Die Zeit sollte dem Doktor Recht geben. Zunächst jedoch folgte die vierte Besteigung der Zugspitze am 27. September 1834 durch den Königlichen Forstgehilfen Franz Oberst, seinen Kollegen Schwepfinger und Johann Barth. Im Gegensatz zu Naus schien Oberst den Umgang mit Tinte und Feder zu mögen und ihm ist damit die erste detaillierte Beschreibung einer frühen Zugspitz-Exkursion zu verdanken. Die allerdings wieder zum Streit führte, denn Oberst berichtete auch, dass Vater und Sohn Resch, ebenfalls wieder mit von der Partie, »Kälte und Gefahr scheuend« nicht auf den Gipfel gestiegen seien. Weshalb im Folgenden ein kleiner Streit darüber entbrannte, ob sie überhaupt jemals oben gewesen waren. Der Disput hielt an, bis Oberst in den Bayerischen Annalen Nr. 4 vom 27. Januar 1835 eingestand, zumindest Johann Barth müsse schon früher ganz oben gewesen sein. Der nämlich wurde allgemein als geübter und kühner Steiger beschrieben.

Nach seinem Gipfelgang brachte Oberst auf dem Ostgipfel eine Stange samt Fahne an, »worauf die Gesellschaft von ihrem erhabenen Standpunkte aus unter dreimaligem Schwingen der Flagge Seiner Majestät dem Könige, dem ganzen königlichen Hause und allen biederen Bayern aus tiefer Brust ein herzliches Lebehoch brachte«. Die Bayernflagge samt Besteigern wurde übrigens vom Tal aus mit Fernrohren gesehen. Zweifel erübrigten sich also und der Ostgipfel wurde seitdem auch Stangenspitze geheißen. Im Gegensatz zur Kreuzspitze, dem Westgipfel, auf dem 1851 das Gipfelkreuz errichtet werden sollte.

Oberst meinte damals übrigens auch, den Montblanc gesehen zu haben, was wohl trotz des schier unglaublichen Zugspitzpanoramas eher seiner freudig-erregten Vorstellungskraft entsprang. »Wenn mir«, so endet Oberst seinen Bericht, »Gesundheit und Kraft bleiben, so habe ich mit dem erstenmale nicht auch zum letztenmale den höchsten Punkt unseres geliebeten Vaterlandes betreten. Mächtig wird mich's immer hinziehen an diese Stelle, wo man den großartigen Anblick genießt, wo die Allmacht der Schöpfung den Menschen mit tiefer Bewunderung der Werke des Herrn erfüllt, und wo man sich bei den hiedurch angeregten Gefühlen auf der einen Seite ebenso gedemüthigt, als auf der anderen über die gewöhnlichen Regungen erhaben fühlt!«

Tatsächlich sah man Franz Oberst schon am 21. August 1835 wieder am Berg. Diesmal zusammen mit dem Königlichen Forstgehilfen Sartori aus Garmisch, mit Johann Barth, dem »Söldner Urban aus Farchant als Träger« und dem Kreisphysikus Dr. Einsele aus Berchtesgaden. Über diese fünfte Besteigung erschien 1846 im IV. Heft des »Deutschen Hausbuches« eine illustrierte Reportage von Dr. Einsele. Rührend wirkt das in einer Zeit, in der selbst Himalaya-Expeditionen live miterlebt werden können.

Dr. Einsele, später Gerichtsarzt in Murnau, schreibt in entwaffnender Ehrlichkeit, dabei gleichzeitig seinen Bergführer Johann Barth lobend: » … doch hat, ich muß es gestehen, dies Abenteuer auf mich – einen Neuling in dieser Art des Kletterns – so erschütternd eingewirkt, daß mich nur der Muth der Uebrigen noch aufrecht erhielt, während mir durch die gräßliche Vorstellung des Rückweges die Empfänglichkeit für jeden ferneren Genuß gelähmt ward! ... Hanni besann sich nicht lange. Wie ein Seiltänzer balancirte der Waghals in dieser ungeheuren Höhe frei [über einen Schneegrat] hinüber; den Anderen, von denen keiner wagte, Hannis Beispiele zu folgen, blieb nichts übrig, als – hinüber zu reiten.«

Im August 1838 bestieg der »k.k. Trigonometer« Joseph Feuerstein zusammen mit Joseph Sonnweber die Zugspitze als Erster von der österreichischen Seite, von Ehrwald aus. Feuerstein war als Mitglied der »k.k. Grenzregulirungs-Hof-Commission« von 1836 bis 1850 mit Vermessungen an der bayerisch-tirolerischen Grenze beschäftigt. Dank seiner Arbeit konnte die Höhe der Zugspitze nun genau angegeben werden, und zwar mit »1558 Wiener Klafter = 1012 bayerische Ruthen oder 10120 bayerische Fuß«. Auf dem Westgipfel, den Feuerstein und Sonnweber als erste nach Naus betraten, pflanzten die beiden Betriebsausflügler eine Signalstange mit ihren eingebrannten Initialien ein. Diese wurde im August 1843 vom damaligen Reintal-Schafhirten Peter Pfeifer gefunden.

Pfeifer freilich war nicht ohne Grund auf die Zugspitze gestiegen. Der Königliche Forstmeister Albert Schultze aus Partenkirchen hatte ihm dazu den Auftrag erteilt. Am

150 luftige Meter zwischen West- und Ostgipfel. Drahtseilakt in den 50er-Jahren.

Sommerabend auf der Alpspitze. Am Zugspitzgipfel hängt, wie so oft, eine Wolkenfahne.

10. September 1843 schließlich unternimmt Schultze unter der Führung Pfeifers, so schreibt Krieger, »in größerer Gesellschaft die Besteigung, und zwar, wie es in der betreffenden Mittheilung heißt: ›Zur sicheren Auskundschaftung des Weges in Folge höheren Auftrages‹.«

Auftraggeberin war niemand Geringeres als die Kronprinzessin Marie, später »Ihre Majestät, die Königin Marie von Bayern«, die selbst gerne mal auf den hohen Berg gestiegen wäre. »Der Bericht des Forstmeisters mag aber geeignet gewesen sein«, vermutet Krieger, »die hohe Frau, die von jeher mit besonderer Vorliebe in unseren Bergen weilte, auf die Ausführung des Projektes einer Zugspitzbesteigung verzichten zu lassen.« Dafür verewigten sich die acht Gipfelbezwinger mit Pinsel und Ölfarben auf einer Felsplatte und hinterlegten eine Namensliste »in einem gut verschlossenen Kruge«. Puristen mögen das schimpflich finden.

Erst drei Jahre später sah die Zugspitze ihre nächste Besteigung und eine der letzten, die eine gesonderte Betrachtung finden soll. Im Oktober 1846 begaben sich zwölf Besucher des Königlichen Thurnplatzes »Am Kugelfang« zu München ins Wettersteingebirge. Die Bewegung des Turnvaters Jahn hatte gerade ihren Höhepunkt erreicht und unter Einfluss von nicht geringen Mengen an Alkohol

In einer klaren Winternacht. Der Blick reicht über den Säuling hinaus ins Allgäu.

beschlossen die ehrgeizigen Sportler, der Zugspitze auf das Haupt zu steigen. Sechs schafften dies tatsächlich, unter der Führung des bewährten Johann Barth. Krieger kommentiert: »Unter ähnlichen Umständen, daß heißt mit so mangelhafter Vorbereitung und Ausrüstung ist wohl keine zweite Zugspitzbesteigung mehr ausgeführt worden!« Doch dass nach Ankunft der Turner im Tal »fast Allen das Schuhwerk in Fetzen herunterhing, vermochte ihrer großen Freude keinen Eintrag zu thun.«

Wie diese Episode belegt, beginnt in jenen Jahren der touristische Teil der Zugspitz-Erschließung, aus dem nach und nach auch ein technischer werden sollte. Vielleicht sind nirgendwo sonst diese beiden konkurrierenden, sich gleichzeitig aber auch ergänzenden Entwicklungen so augenscheinlich geworden wie auf der Zugspitze, die nach Einschätzung des Alpinschriftstellers Walter Schmidkunz »zu den populärsten und beliebtesten Erdenwarzen gehört«.

Denn zum einen fällt der »Zugspitzkult«, so Hans Leberle 1904 in der Zeitschrift des Deutschen und Österreichischen Alpenvereins, in eine Zeitspanne, in der eskapistische Tendenzen die bürgerliche Gesellschaft mobilisieren. Die Fluchtbewegung in die Natur, in das Gebirge, weg von Zivilisation, Künstlichkeit und wissenschaftlicher Rationalität nimmt ihren Anfang. Die unberührte Natur wird Gegen-

Nach der letzten Talfahrt. Einsamkeit auf der Sonnenterrasse.

entwurf zur Moderne, wobei sich dieser gleichzeitig als das entlarvt, was er ist: ein ästhetisches Konstrukt, ein Ergebnis menschlicher Wunschvorstellung. Denn die reine Natur ist nie da, wo Menschen am Werke sind. Das war auf dem Zugspitzgipfel vor 100 Jahren nicht anders als heute.

Zum anderen wird spätestens zur Jahrhundertwende an der Zugspitze deutlich, in welchem Maße die Zeitgenossen zur Umsetzung eines technisch-wissenschaftlich-ökonomischen Programms bereit waren, das zunächst die geistige, später auch die tatsächliche Eroberung der gebirgigen Terra incognita besorgte. Das erste Symbol menschlicher Anwesenheit wurde 1851 auf dem Westgipfel der Zugspitze errichtet – ein Gipfelkreuz (2. Kapitel). Die Zähmung der Natur, die sich nicht länger der Gestaltungskraft menschlichen Willens widersetzt – auf der Zugspitze gaben Steige, Hütten und Bergbahnen dieser Sehnsucht Ausdruck.

Die Errichtung des Gipfelkreuzes wurde übrigens von einer alpinen Meisterleistung gekrönt. Der Jagdgehilfe Michael Baur aus Farchant wagte, begleitet lediglich von seinem Hund »Di«, den ersten Abstieg durch das Österreichische Schneekar nach Ehrwald. Am 22. September 1853 dann stand mit Karoline Pitzner die erste Frau auf der Zugspitze. »Und beim Abstieg ... präsentierten sich trotz der vorgerückten Jahreszeit zum Lohne für die kühne Schwester noch in schönster Blüte stehende Alpenrosen«, so will es zumindest Max Krieger. Wobei hervorzuheben ist, dass die Botanik in der Frühzeit des Alpinismus eine populäre Beschäftigung war, die Bemerkung also durchaus dem Neid entsprungen sein könnte. Der Münchner Dr. Härtinger wagte 1857 zusammen mit dem Bergführer Joseph Ostler die erste Überschreitung vom West- zum Ostgipfel. Die ersten Briten an der Zugspitze waren zugleich die Ersten, die von Ehrwald durch das Österreichische Schneekar auf den Westgipfel stiegen: die Gebrüder Trench aus Dublin und Mr. Cluster aus London, zusammen mit den Bergführern Joseph »Rauch« und Joseph »Ruß« Sonweber.

Die erste Ersteigung aus dem Höllental schließlich erfolgte am 26. September 1876 durch Franz Tillmetz und Franz Johannes aus München mit den Führern Johann und Josef Dengg. Der Anstieg galt »auch der Feststellung, ob der Anstieg vom Höllenthalanger nicht dadurch wesentlich abgekürzt werden könnte, dass mittelst Sprengungen an der sperrenden Schranke, dem Brett, ein Steig geschaffen

Herbstnacht auf dem Daniel. Unter dem Nebelband das Loisachtal.

würde«. Tillmetz bezweifelte allerdings, »dass die Zahl der Besteigungen aus dem Höllenthale je so gross werden möchte, dass der Aufwand an Mühe und Kosten für Schaffung des kürzeren Weges in beregter Weise empfehlenswerth scheinen könne«. 1893 wurde der Steig dann doch gebaut und die Weganlage ausgelastet zu nennen wäre eine Untertreibung.

Die erste verbürgte Alpenvereinssektionstour auf die Zugspitze fand übrigens am 23. August 1869 statt. 44 Touristen, vorwiegend aus München, beglückten die Bergwelt mit einem Gruppenauftritt. Erst am 9. Mai 1869 war der Deutsche Alpenverein gegründet worden. Das organisierte Bergsteigen steckte zwar noch in den Kinderschuhen, suchte sich aber bereits die als attraktiv geltenden Ziele. Eine Entwicklung, der selbst Max Krieger, der mit dem zeitlich geringsten Abstand das Geschehen an der Zugspitze dokumentierte, nicht mehr folgen konnte. Er vermutet in seiner Chronik ab Mitte des 19. Jahrhunderts größere Lücken. Kein Wunder, denn waren 1854 noch 22 Gipfelsieger auf dem Berg, so erhöhte sich deren Zahl im Jahr 1899 bereits auf 1600. Vor dem Bau der ersten Seilbahn 1926 würden es schon über 10 000 sein.

Erwähnenswert ist vielleicht noch der Besuch Hermann von Barths, dieses verwegenen Einzelgängers, der seine

Föhnsturm.

Wettersteintouren in seinen Berichten »Aus den Nördlichen Kalkalpen« dokumentierte: »Meine Excursionen im Wetterstein-Gebirge eröffnete ich in echt touristischer Manier; der erste Tag [22. Juli 1871] fand mich auf der Alpspitze, der zweite auf der Zugspitze. Den üblichen Weg durch den ›Kamin‹ verfehlend, fand ich diese Tour nicht ganz so leicht, als sie zu schildern alpine Mode geworden ist. Und bei späterem Besuche auf dem richtigen Wege überzeugte ich mich, dass auch dieser, wenngleich unschwierig im Sinne des routinirten Bergsteigers, doch von jenen, die ausser der Zugspitze weiter Nichts in unsern Nördlichen Kalkalpen besuchen, nicht mit solcher Emphase als ›Spaziergang‹ bezeichnet zu werden brauchte, wie man diess wohl gelegentlich zu hören bekommt.«

Toni Hiebeler bezeichnete die Jahre zwischen 1851 und 1897, als das Münchner Haus (11. Kapitel) auf dem Westgipfel eröffnet wurde, als die »goldene Zeit« an der Zugspitze. Analog verhält sich dieser Begriff zur gängigen Formel des »Goldenen Zeitalters« des Alpinismus, das 1857 mit der Gründung des englischen Alpine Clubs eingeläutet wurde. In den Westalpen wurde ein Viertausender nach dem anderen bestiegen. An der Zugspitze wurden alle möglichen Kare, Grate, Kämme und Wände zu allen möglichen Jahreszeiten nach begehbaren Linien abgesucht.

Chronist Max Krieger schreibt 1884: »Heute gibt es Alpinisten von solcher Gewandtheit und Ausdauer, daß ihnen eine Zugspitzbesteigung nicht mehr ist, als etwa einem Bewohner von Weilheim ein Gang auf den nahen Peissenberg.« Selbst in der kalten Jahreszeit wagten sich nun die ersten Bergsteiger auf die Zugspitze. Am 7. Januar 1882 gelang Ferdinand Kilger, Heinrich Schwaiger, Josef und Heinrich Zametzer sowie Alois Zott die erste Winterbesteigung des Westgipfels. Schon am 29. Januar folgten Johann Ostler und Edward Theodore Compton, der nicht nur ein bedeutender Maler, sondern auch ein erstklassiger Bergsteiger war. Sie waren durch das Österreichische Schneekar auf den Gipfel gestiegen.

Spätestens zu Beginn des 20. Jahrhunderts hat die Zugspitze also ihren Ruf als alpinistische Herausforderung eingebüßt. Für die Extremen bot der Berg keine Herausforderungen mehr. Das änderte sich erst später wieder, als die großen Wände von Zugspitzeck, Wetterspitzen und Wetterwandeck durchstiegen wurden. Am Zugspitzgipfel selbst war das Abenteuer Berg für jedermann erlebbar geworden. Natürlich verlor es für den Einzelnen deshalb nicht an Intensität – nur hatte niemand mehr das Bedürfnis, seine Erfahrungen in schriftlicher Form niederzulegen. Die

Inhalte blieben, die Beschreibungen derselben wurden vernachlässigt. Lassen wir also Hans Leberle, dem Verfasser eines der ersten Wettersteinführer, das letzte Wort. Der schrieb bereits 1904:

»Die Zugspitze – für Tausende die Erinnerung an lange, sonnendurchglühte Täler und weite Wege, die Erinnerung an unendlichen Durst, harte Matratzen, an Tabaksqualm, Gejohl und Tanz, an ein seltsames Gefühl inmitten der großen, erdrückenden Stille des Hochgebirges. … Man hat das Wort ›Modeberg‹ geprägt für Gipfel, welche aus irgendeinem Grunde von Bergsteigern aufgesucht werden. Das war die Zugspitze. Jetzt ist sie der Modeberg für alle Welt. Jetzt ist sie ein Geschäftsberg großen Stils, der mächtige Reklameschild des ganzen Loisachtals.«

Der Blick in die Ferne: Roß- und Buchstein, Wendelstein, Risserkogel (von links).

Der Blick aus der Ferne: Erstes Licht über der Zugspitze, Straßenbeleuchtung in Ehrwald.

Der Anarchist und das Gipfelkreuz

Die Geschichte eines Symbols

Jakob Sporer muss ein recht wagemutiger junger Mann gewesen sein. Denn bereits zu einer Zeit, als die Besteiger der Zugspitze noch als verwegene, der Gefahr für Leib und Seele trotzende Helden galten, war der »Zugspitz-Jackl«, so sein Spitzname, alleine am Berg unterwegs. 1849 musste er sogar, »durch ein Donnerwetter gezwungen«, alleine am Gipfel übernachten, 1850 tat er dasselbe rein »zu seinem Plaisir«. Dabei, so scheint es, stieg der in Hohenpeißenberg lebende Sporer immer dann auf die Zugspitze, nachdem es in der Arbeit Ärger gegeben hatte. Dann »ließ er alles liegen und stehen und rannte vom Peißenberg direkt auf die Zugspitze«. Von dort sei er immer »beruhigt und guter Dinge« zurückgekehrt.

So erzählt es zumindest sein Dientsherr, der Pfarrer Christoph Ott. Dieser fungierte zugleich als meteorologischer Observator auf dem Hohenpeißenberg und hatte so genügend Anlass, Deutschlands höchsten Berg immer wieder aus der Ferne zu betrachten. Wobei er sich schon lange darüber zu ärgern schien, dass »der erste Fürst der bayerischen Gebirgswelt sein Haupt kahl und schmucklos in die blauen Lüfte des Himmels emporhebt, wartend, bis patriotisches Hochgefühl und muthvolle Entschlossenheit es über sich nehmen würden, auch sein Haupt würdevolle zu schmücken«.

Für Pfarrer Ott jedenfalls stand fest: Ein Gipfelkreuz brauchte die Zugspitze. Er warb für die Subskription seines später erschienenen Büchleins »Die Zugspitz-Expedition zur Errichtung eines vergoldeten Eisen-Cylinder-Kreuzes auf dem höchsten westlichen Zugspitzgiebel am 11., 12. und 13. August 1851«, womit er sein 610 Gulden und 36 Kreuzer teures Vorhaben erfolgreich finanzierte. Das Kreuz, das er anfertigen ließ, war »ganz aus Eisen gearbeitet, die vergoldeten Röhrenflächen aber mit Kupfer platirt, 14 Fuß hoch und in 28 Theile zerlegbar; die Röhren halten 11 Zoll, die kupferne vergoldete Kugel über 2 Fuß im Durchmesser; 24 Quadratfuß des Kreuzes bis herab zum Kugelende sind gut im Feuer vergoldet«. Das imposante Werk wog über 300 Pfund.

Am 4. August 1851 wurde das Kreuz vor dem Pfarrhaus in Hohenpeißenberg geweiht. Vom 6. bis 10. August war es in Partenkirchen zur allgemeinen Begutachtung ausgestellt »und fand auch da allenthalben die verdiente Anerkennung«. Nachdem der mit der Leitung der Expedition be-

Klement Mangold
und sein Gipfelkreuz.

Linkes Bild: Das erste Gipfelkreuz
zierte den Westgipfel.
Seit dem 25. August 1882
steht es auf dem Ostgipfel.

traute Forstwart Karl Kiendl sein 28 Mann starkes Trägerteam zusammengestellt hatte, ging es am 11. August durch die Partnachklamm ins Reintal. Der 12. August schließlich sah die Männer auf dem westlichen Zugspitzgipfel, wo das Kreuz unter immensen Mühen und »mit der größten Todesverachtung« aufgestellt wurde.

Pfarrer Ott sollte sein Kreuz übrigens erst 1854 an seinem angestammten Platz besuchen. Bis in den Herbst 1881 stand es dort, bevor es von den Bergführern Johann und Josef Dengg sowie dem Schlossermeister Franz Resch abmontiert wurde. Es war doch, so schreibt der frühe Zugspitz-Chronist Max Krieger, »in eine recht bedenkliche Verfassung gerathen. Blitzschläge – der kupferne Deckel des Kreuzes zählt allein 14 Spuren hievon – hatten das Gestein rings herum arg zertrümmert und auch die stützenden Querstangen abgeschlagen oder gelockert, so daß jeden Augenblick der Absturz zu befürchten war.«

Während der Renovierungsarbeiten in München fand man in der bauchigen Kugel des Kreuzes eine Inschrift, die nach altem Brauch dort verwahrt worden war, um über Sinn und Zweck der Errichtung Auskunft zu geben. Ihr Wortlaut: »Möge dieses Kreuz den ihm nun auf des Landes höchster Zinne angewiesenen Platz behaupten bis in ferne Zeiten, möge es, wie schon sein Stifter wünschte: als ein Friedensstern noch den späteren Geschlechtern herableuchten durch die Stürme der Zeiten und sie zu jener brüderlichen Liebe, Eintracht und Treue ermuntern, die allein die Völker stark und glücklich macht.«

Sieben Führer, 15 Träger und 21 Neugierige ohne besondere Funktion brachten das renovierte Kreuz am 25. August 1882 wieder auf den Gipfel. Nachdem der Westgipfel inzwischen bereits für weltlichere Bauten – ein Unterkunftshüttchen – verplant worden war, entschloss man sich, das runderneuerte Gipfelkreuz auf dem Ostgipfel unterzubringen. Ziemlich genau 111 Jahre sollte es dort Schneefall, Stürmen und Gewittern trotzen, bis es am 18. August 1993 relativ ramponiert abgebaut wurde. Neben den witterungsbedingten Einflüssen waren daran auch überschwänglich begeisterte amerikanische Soldaten

Das Gipfelkreuz – Symbol christlichen Glaubens und Zeichen menschlicher Anwesenheit.

Seit 30 Jahren ist der »Wengerer« mit der Zugspitze »vertraut und verwachsen«.

schuld, die das Gipfelkreuz gegen Kriegsende 1945 zum Ziel ihrer Freudenschüsse gemacht hatten.

Einer der jüngeren Zugspitz-Chronisten bezeichnet dies als »barbarischen Akt der Respektlosigkeit, dessen Spuren nicht mehr zu renovieren waren«. Die römisch-katholische Erregung scheint indes fehl am Platz angesichts dessen, was zuvor in Deutschland und Europa an Greueltaten verübt worden war und die amerikanischen GIs erst auf die Zugspitze gebracht hatte. Wie dem auch sei, das alte Gipfelkreuz wurde ins Tal gebracht und ist heute im Werdenfelser Heimatmuseum zu besichtigen.

Den Abbau erledigte übrigens nicht die Gemeinde Partenkirchen, die laut Max Kriegers Worten von 1884 den Entschluss gefasst hatte, das Kreuz »als Eigenthum zu übernehmen und für dessen Erhaltung zu sorgen«. Stattdessen nahm sich ein Mann des Gipfelkreuzes an, der mit Fug und Recht als einer der Bauherren der Zugspitze bezeichnet werden könnte: Klement Mangold aus Eschenlohe. Der 65-jährige hat unter anderem die Materialseilbahn zur Höllentalangerhütte gebaut, das Münchner Haus und die Knorrhütte saniert und die »Nordwand-Ferrata« auf die Alpspitze eingerichtet, wobei er selbst einen 75 Kilogramm schweren Generator durch die halbe Wand schleppte.

Doch der »Wengerer«, wie Mangold nach bayerischem Brauch gemäß seines Geburtshauses heißt, ist nicht nur bärenstark, er hat auch einen eigenen Willen. Eine Charaktereigenschaft, die den Bayern im Allgemeinen nachgesagt wird, die sich in einer augenzwinkernden Gottesfürchtigkeit und dem Ungehorsam gegenüber jedweder Autorität ausdrückt und die sich unabhängig von seiner konkreten historischen Bedeutung mit dem Begriff »Anarchismus« recht gut beschreiben ließe. Mangold jedenfalls sagt, dass Gipfelkreuz sei »herrenlos« gewesen. Und darüber hinaus in einem erbarmungswürdigen Zustand.

Da »ich seit mehr als 30 Jahren mit dem Zugspitzgebiet vertraut und verwachsen bin«, fasste Mangold den Entschluss, das christliche Symbol zusammen mit seinen beiden Söhnen Hans und Michael sowie Klement Bichlmeyr mittels eines Baukrans aus seinem Fundament zu heben. Sodann brachte die Zahnradbahn das Kreuz zu Tal und Mangold schaffte es auf seinen Hof nach Eschenlohe. Er beauftragte die Kunstschmiede Franz Würzinger damit, »nach dem Vorbild des bisherigen Kreuzes originalgetreu

Tradition und Technik auf Deutschlands höchstem Berg.

ein neues Kreuz nachzubauen«, da das alte nicht mehr zu retten war. Der Schmied fertigte also den 300 Kilogramm schweren Rohling, die Kugel wurde in Augsburg geschmiedet, die Vergoldung in München vorgenommen.

Insgesamt zwei Monate dauerte diese Arbeit, bevor das neue Kreuz, wie 150 Jahre zuvor das alte, an zwei Tagen von der Öffentlichkeit bestaunt werden konnte. Am 12. Oktober 1993 schließlich wurde das Kunstschmiedewerk auf einen mit Tannenzweigen gepolsterten Zugwagen gebettet und von vier Rossen nach Grainau gezogen. Dort verlud man es auf einen »geschmückten Wagen« der Zahnradbahn und brachte es auf das Zugspitzplatt, von wo aus es am 16. Oktober mit einem Hubschrauber auf den Ostgipfel geflogen wurde. Zusammen mit sechs Helfern verankerte Mangold das neue Kreuz in seinem drei Meter tiefen Fundament.

4,88 Meter hoch ist es. Etwas höher als das alte, »damit nicht jeder irgendeinen Schmarrn hineinkratzen kann«, sagt Mangold. Denn natürlich liegt ihm, der die gesamte Arbeit in Eigeninitiative und ohne Entgelt, sozusagen ehrenamtlich geleistet hat, schon etwas am Zustand »seines« Gipfelkreuzes. Und es hat ihn auch geärgert, dass von der Gemeinde Garmisch-Partenkirchen keine Unterstützung für sein Engagement geleistet wurde. Heute ist dieser Zorn längst verraucht. Schließlich muss es doch ein gutes Gefühl sein, auf die Zugspitze zu kommen und zu wissen, dieses Kreuz da oben, das da so schön in der Abendsonne leuchtet mit seinem Strahlenkranz, an dem sich so viele Menschen erfreuen, »das hab ich da hochgebracht«.

Nichts als ein Haufen Steine

Mythos Zugspitze

Im Grunde geht es um Steine. Um eine Anhäufung leblosen Gebrösels, das sich im Lauf der Erdgeschichte ablagerte und verfestigte zu einem massiven, festungsgleichen Klotz.

Vermutlich gegen Ende des 16. Jahrhunderts erhielt dieses Gebilde aus sehr reinem $CaCO_3$ (Kalk) den Namen »Zugspiz«. Erst in Adolph von Schadens 1836 herausgegebenem »Taschenbuch für Reisende durch Bayerns und Tirols Hochlande« bekam der Berg seinen weiblichen Artikel und das Schluss-»e«. Als »die Zugspitze« firmiert unser Berg seither und Erklärungen gibt es verschiedene, wie wohl das Ding zu seinem Namen kam. Die blumigste fand Ignatz Johann Hibler in seiner 1918 erschienenen Schrift »Der Eibsee und der Badersee«. Darin vermutete der Heimatkundler, der Name stamme von einem imaginären Sonnengott Toig ab, und stützte dies mit der Bemerkung: »Die vorasiatische Religion hielt die vom ersten Sonnenstrahl bestrahlten höchsten Gebirgserhebungen für den Wohnort der Götter.«

In einer Ausgabe der in Hamburg erscheinenden Zeitschrift *Merian* heißt es dazu spitzbübisch: »Toigspitze, verhunzt Zugspitze, wäre demnach ein Heiligtum der heidnischen Sonne unter dem weißblauen Himmel des christlichen Freistaates Bayern.«

Bleiben wir lieber profan. Die Willkür sprachlicher Zeichengebung ließ es zu, dass das Wörtchen »Zug« im Alemannischen die Bezeichnung für Geländeformen wurde, durch die sich Lawinen ihren Weg suchen und sie gleichzeitig formen. Flurnamen wie »Vorderer und Hinterer Zugwald« oder »Zuggasse« zeigen dies. Der Begriff »Zugspitze« würde demnach die Erhebung oberhalb des von Lawinenbahnen durchzogenen Geländes meinen.

Doch allein das steinerne Gebilde kann es nicht sein, denn wer »Zugspitze« sagt, meint meist mehr als die massige Felsenburg über Garmisch-Partenkirchen und Ehrwald, die nichts hat von der Eleganz eines Matterhorns, von der Majestät eines Gran Paradisos, von der Wildheit des Watzmanns, nicht einmal etwas von der Spitzbübigkeit des Wendelsteins.

Wer »Zugspitze« sagt, gibt mit dem Wort meist einem Mythos Ausdruck. Und meint eine der Erzählungen, die den Begriff und die Steine zum Sinnbild machten. Zum etwas älteren vielleicht, das für die technische Beherrschbarkeit

Flechten. Spuren des Lebens zwischen »leblosem Gebrösel«.

Linke Seite: Letzten Endes machte erst der Mensch die Zugspitze zu dem, was sie ist.

der Natur steht, dabei aber außer Acht lässt, dass auch nach 100 Jahren Bebauungsgeschichte ein plötzlicher Wintereinbruch genügt, um den Gipfelbetrieb lahmzulegen. Oder er meint das etwas jüngere Symbol für die angebliche Entzauberung der Berge durch den Eingriff des Menschen in deren Natur.

Ein Autor der *Frankfurter Allgemeinen Zeitung* etwa lässt seinen imaginären Wanderer auf dem Weg zum Zugspitzgipfel Apokalyptisches erleben: »Einmal aber durchfuhr ihn ein heißer Schreck. Als er, nach Bergsteigerart, kühn dorthin aufblickte, wo er den Gipfel vermutete, erschien ihm ein klobiger Betonkubus mit drohenden schwarzen Löchern. Ein Albtraum, eine Vision von Dalí, von Chirico? Eine Zyklopenfestung, von Geisterhand zuhöchst auf der Bergspitze errichtet? In seiner bedrängten Phantasie malte er sich aus, wie sie da oben die Kanonen von Navarone in Stellung gebracht hatten, um ihn, den Gipfelstürmer aus dem Höllental, zu vernichten, wenn er nur nahe genug herangekommen wäre.«

Anachronistisch wirkt dieses Wehklagen angesichts einer vor Jahrzehnten real gewordenen Architektur. Natürlich ist es so, dass einsames Bergerleben auf der Zugspitze nicht möglich ist. Die Klage darüber hilft jedoch nicht weiter. Vor allem heute, da es gilt, wirkliche Rückzugsgebiete zu schützen und gleichzeitig das Betretungsrecht für selbige zu bewahren. Populistische Lamenti über die verschandelte Zugspitze zeugen lediglich davon, dass althergebrachte Berg-Bilder noch fest in den Köpfen verankert sind. Die aktuelle Zugspitze stört das allgemeine ästhetische Empfinden.

Das Problem allerdings gibt es nur, weil der Zufall die Zugspitze 2962 Meter hoch wachsen ließ, höher als jeden anderen Berg. Dieses Maß machte die Zugspitze einst zum höchsten Gipfel Bayerns. Nach der Proklamation des Deutschen Reiches 1871 – Bayern wurde Mitglied mit Sonderrechten –, wurde die Zugspitze der höchste deutsche Berg. Dies blieb er auch, lediglich unterbrochen durch ein kurzes Intermezzo: Zwischen 1885 und 1918 lief der 5895 Me-

Jeder sieht in ihr, was er will.
Die Zugspitze
spiegelt sich im Eibsee.

»Eine Zyklopenfestung, von Geisterhand errichtet?«
Oder doch nur eine ganz normale Gipfelstation.

ter hohe Kilimandscharo als höchster Berg Deutsch-Ostafrikas der Zugspitze den Rang ab.

Es ist angesichts des relativ beliebigen Verlaufs von Gebirgszügen und Grenzen schon erstaunlich, dass die Zugspitze ein Berg mit »einem speziellen patriotischen Beigeschmack« wurde, wie Hans Leberle bereits 1904 schrieb. Besonders deutlich wurde dies, als die ersten Pläne zum Bau einer Zugspitzbahn entworfen wurden. Einer der eifrigsten Verfechter einer solchen Bahn, der Garmischer Apotheker Max Byschl, hielt damals eine sicherlich flammende Rede, in der er sagte: »Dem Bayernlande in erster, dem Deutschen Reiche in zweiter Linie gehört die Zugspitze zu eigen. ... Für die Zugspitzbahn arbeiten ist nicht nur eine für das Land volkswirtschaftlich bedeutsame, sondern im viel höheren Grade eine bayerisch- und deutschpatriotische Tat!«

Den Bau der Zahnradbahn brachten allerdings mehr auswärtige als einheimische Arbeiter voran, was an Stammtischen und in Gemeinderäten natürlich ausgiebig beklagt wurde. Wie schmerzlich erst muss es Männern wie Byschl angekommen sein, dass die Österreicher doch die Ersten waren, die in aller Stille eine Bahn auf die Zugspitze bauten. Noch in jüngster Vergangenheit lässt sich ein Chronist, der ein »bayerisches Portrait‹ dieses Giganten ›Zugspitze‹« zeichnen will, zu der Bemerkung hinreißen: »Wenngleich die Österreicher den Oberbayern die erste Zugspitzbahn ›gestohlen‹ hatten, mußte man den Bayern aber den Sieg bezüglich des Weitblicks in die Zukunft zuerkennen; die Entscheidung für die Zahnradbahn war und ist ›fremdenverkehrstechnisch‹ gesehen weitaus effektiver als eine Seilbahn.« Na dann.

Den mangelnden Ehrgeiz der österreichischen Nachbarn betreffs Zugspitze führt der Innsbrucker Schriftsteller Walter Klier auf die diesseits der Grenze mehrheitliche Wahrnehmung zurück: »Deutschland, ein großes, weites, reiches Land voll fleißiger Menschen, mangelt es an wenig, doch an einem ganz entschieden: an hohen Bergen.« Aus diesem Schmerz resultiere »auch eine ungewöhnlich innige Befassung mit jenem 2962 Meter hohen Gupf, der noch dazu unmittelbar an der Grenze zu Österreich liegt, also nicht einmal von einem beruhigend großen Streifen Deutschlands rings umgeben ist: der Zugspitze.«

Vielleicht trägt der seit 1995 offene Grenzverkehr auf dem Gipfel ja dazu bei, dass angesichts einer Besteigung oder Befahrung aufkeimende patriotische Wallungen eines Tages ganz ausbleiben. Sowieso entzieht sich die Zugspitze heute einem nach innen gerichteten Blick. Denn wer ihren Gipfel fokussiert, schaut gleichzeitig in die Welt. Nach Mexico, wo ein Hüttenwirt seinen Winter verbringt. Nach Australien, wo ein auf der Zugspitze ausstellender Künstler die Hälfte des Jahres lebt und arbeitet. In den Himalaya, wohin die Spur vieler Zugspitz-Kletterer führt. Auf das weltumspannende Netz der meteorologischen Stationen, deren Betreiber ständig mit der Zugspitz-Belegschaft kommunizieren. In die Atmosphäre, deren Gesetze die Forscher im Schneefernerhaus zu verstehen versuchen. All diese Perspektiven könnten den Haufen Steine verbinden mit einer dritten Erzählung: von der Zugspitze als Knotenpunkt einer vernetzten Welt.

Selbst ein verbauter Gipfel kann märchenhaft wirken. Es kommt nur auf die Perspektive an.

Im Schatten der Zugspitze

Die Marktgemeinde Garmisch-Partenkirchen profitiert von Deutschlands höchstem Berg

Er kenne, schrieb der Alpinschriftsteller Fritz Schmitt, »keine festlichere Einfahrt ins Gebirge als der Loisach entlang, dem Wetterstein entgegen. Dörfer mit Zwiebeltürmen, Blumen in Bauerngärten und auf Altanen, braungeflecktes Vieh auf den Weiden, Erlenauen am Wasserlauf. Und frei die Sicht auf die Berge: Auf den stumpfen Kegel des Waxensteins, die massige Zugspitze, die zentral beherrschende Alpspitze.« Schmitt schrieb das vor gut 20 Jahren. Heute ist die Anreise durch das Loisachtal nicht mehr ganz so grandios, falls man Autofahrer ist. Denn seit dem Jahr 2000 führt ein 2275 Meter langer und eine halbe Milliarde Mark teurer Tunnel um die nördlich von Garmisch-Partenkirchen gelegene 5000-Seelen-Gemeinde Farchant herum.

Das ist gut für die Farchanter, denen an manchen Tagen bis zu 40 000 Fahrzeuge durch den Ort brausten. Schlecht ist das für die Touristen, die von München kommend nach einstündiger Autobahnfahrt in die B2 einbiegen, sich durch Oberau stauen und dann unterirdisch weitergeleitet werden. Schlecht zumindest, was das Panorama angeht. Dafür sind die Urlauber und Tagesgäste jetzt, normale Verkehrsverhältnisse vorausgesetzt, etwa eine Viertelstunde schneller in Garmisch-Partenkirchen, der Marktgemeinde mit den knapp 27 000 Einwohnern, 10 000 Gästebetten und 2000 Ferienwohnungen am Fuße der Zugspitze.

Eine wechselvolle Geschichte haben die beiden Ortsteile hinter sich. Schon zwei Jahrtausende vor Christi Geburt, während des Übergangs vom Neolithikum zur Bronzezeit, hatten sich Illyrer hier angesiedelt. Es folgten die Kelten, dann die Römer. 15 v. Chr. entstand die Militärstation »Parthanum« an der Heerstraße zwischen Wilten bei Innsbruck und Augsburg. Im Jahre 803 wurde Garmisch als »Germareskowwe« erstmals urkundlich erwähnt. Richtig aufblühen konnten die beiden Orte im Hoch- und Spätmittelalter. Die Lage am nördlichen Zugang ins Inntal und zum Brennerpass, eine der wichtigsten Handelsadern zu Zeiten der Augsburger Fugger und Florentiner Medici, bescherte ihnen regen Durchgangsverkehr.

Im Rahmen der Säkularisation kirchlichen Besitzes und des Reichsdeputationshauptschlusses kam die »Reichsunmittelbar erzbischöfliche Freising'sche Grafschaft Werdenfels« am 26. Dezember 1802 unter die Herrschaft des

Die Alpspitze dominiert das Panorama. Das Aushängeschild des Loisachtals bleibt dennoch die Zugspitze.

Linke Seite: Das Zentrum von Garmisch.

bayerischen Kurfürsten Max Josef. In dieser Zeit erwuchs den Einwohnern von Garmisch und Partenkirchen neben dem Handel eine weitere Einnahmequelle. So schrieb Ignatz Johann Hibler, einer der ersten Chronisten des Werdenfelser Landes: »Die Bedeutung des Loisachtales als Platz für touristische Betätigung, anfangs allerdings in den bescheidensten Grenzen, beginnt mit der ersten Ersteigung der Zugspitze 1820 durch Naus.«

Bis heute spielt der Berg eine nicht unerhebliche Rolle im Tourismuskonzept der Werdenfelser Gemeinde, in der es eine Zugspitz-Apotheke, einen Zugspitz-Friseur, ein Café Zugspitze und Pensionen »mit Zugspitzblick« gibt und in der die Zugspitzstraße eine der längsten im Ort ist. Es sei ja ganz klar, erklärt Bürgermeister Toni Neidlinger: »Die Menschen denken nach dem Motto: Wenn ich schon in Garmisch-Partenkirchen bin, dann will ich auch auf Deutschlands höchsten Berg.« Damit die Gemeinde auch von diesem Drang profitiert, leistete sie sich 1997 für 37 Millionen Mark den Kauf der Bayerischen Zugspitzbahn AG. So bleibt das Geld, das die Besucher für eine Fahrt mit einer der zahlreichen Bergbahnen im Talkessel zwischen Wank, Kreuzeck und Kramerspitz ausgeben, wenigstens im Haus.

Ein Selbstläufer ist die Einnahmequelle Tourismus trotz des Publikumsmagneten Zugspitze allerdings nicht. Die Konkurrenz zu anderen Ferienorten im bayerischen Oberland sei groß, betont Neidlinger. »Wir müssen kämpfen, um unseren Standplatz insgesamt zu halten.« Die Gemeinde betreibt daher »eine gewisse Nischenpolitik und setzt auf die Bereiche Kunst und Sport.« Tatsächlich kann Garmisch-Partenkirchen mit einigen kulturellen Pfunden wuchern. Drei Theaterbühnen laden zur Abendgestaltung ein. Seit zwei Jahren findet der renommierte »Theatersommer« in der Kleinstadt statt. Im Jahr 2000 steht etwa Christine Kaufmann als »Maria Stuart« auf der Bühne, in Friedrich Schillers gleichnamigem Drama. Auch Schlagerstar Guildo Horn hat sich angesagt: Er spielt die Hauptrolle in »Der Zauberer von Oz«. Und alljährlich erinnern die »Richard-Strauss-Tage« an den berühmten Komponisten, der sich Garmisch-Partenkirchen zur Wahlheimat erkoren hatte und im Angesicht

Mitternacht.

Über allen Gipfeln herrscht Ruhe. Im Tal auch.

der Zugspitze seine am 28. Oktober 1915 in Berlin uraufgeführte »Alpensinfonie« komponierte.

Der 60-jährige Neidlinger hat das Garmisch-Partenkirchener Freizeitangebot »mal im Selbstversuch getestet und vier Wochen Urlaub daheim gemacht. Kein Tag war wie der andere.« Allerdings lockt man mit Highlights wie der 17 Mann starken Kurkapelle, die in den Sommermonaten dreimal täglich aufspielt, in erster Linie ältere Kundschaft. Zwischen 40 und 60 Jahren ist die Mehrzahl der Gäste denn auch alt. Snowboard- und Mountainbike-Events, die in den vergangenen Jahren häufiger organisiert wurden und die sich prächtig entwickeln, ziehen dagegen eher die Jüngeren an. Eine im Frühjahr 2000 veröffentlichte Studie der Universität Bayreuth, die die Dienstleistungsqualität im Fremdenverkehrsort Garmisch-Partenkirchen untersuchte, riet den Verantwortlichen daher auch, weiterhin zweigleisig zu fahren.

Trotz dieser Ermunterung fiel das Ergebnis der »Untersuchungen zur Tourismuskonzeption von Garmisch-Partenkirchen unter besonderer Berücksichtigung der Sport- und Freizeitangebote in der Wintersaison« eher negativ aus. Auf einen einfachen Nenner gebracht: Die Garmisch-Partenkirchener sind den Touristen nicht freundlich genug. Das mag am bayerischen »Grant« liegen, einer Art der

Umgangsweise, die eine gewisse Scheu vor allem Fremden mit wortkarger Direktheit überspielt. Bürgermeister Neidlinger hat dafür eine andere Erklärung. In seiner Gemeinde, in der ein Quadratmeter Grund über 1000 Mark kostet, sei die Mehrzahl der Bürger »verhältnismäßig wohlhabend«. Und damit auch nicht auf die Zufriedenheit der Gäste angewiesen. »Uns machen die Kummer, die sagen: Wir brauchen nichts tun, die Leute kommen sowieso zu uns.«

Das kann sich schnell ändern, denn die Gäste Garmisch-Partenkirchens klagen auch über veraltete Liftanlagen in den Skigebieten, ein eher mageres Après-Ski-Angebot, zu wenige Skischulen, mangelnde Kinderbetreuung und schlechte Skibusverbindungen. Da hilft auch die so viel beworbene »Schneesicherheit« im »einzigen Gletscherskigebiet Deutschlands«, auf dem Zugspitzplatt, nichts mehr. In einem Ort, in dem 80 Prozent der Einwohner vom Fremdenverkehr leben, könnte sich der Rückgang der Besucherzahlen, der Mitte der 90er-Jahre einsetzte, dramatisch auswirken.

Über den neuen Farchanter Umgehungstunnel sollen sich übrigens auch schon Gäste beschwert haben. Da man ja gar nicht wisse, wohin man fahren solle, wenn man das erste Mal anreise. Das rührt daher, dass der Autofahrer am Ende des Tunnels die Wahl hat, geradeaus nach »Partenkirchen« zu fahren oder rechts nach »Garmisch« abzubiegen. Hintergrund dafür ist eine alte Geschichte. Bis zum 1. Januar 1935 waren die beiden Ortsteile nämlich nicht nur durch den Bindestrich, sondern grundsätzlich voneinander getrennt. Zwangsweise vereinigt wurden sie, da die nationalsozialistischen Machthaber keiner der beiden Gemeinden die Austragung der Olympischen Winterspiele 1936 allein zutrauten. Die Alternative, vor die Bürgermeister und Gemeinderäte gestellt wurden, war alles andere als erfreulich: Rücktritt und Zusammenlegung oder Konzentrationslager Dachau, so hieß es damals.

»Die alte Rivalität zwischen den Ortsteilen«, sagt Bürgermeister Neidlinger, »wird bis heute gepflegt.« Was zwar eher dem gegenseitigen Amusement diene, aber darüber hinaus auch der Gemeinde gut tue, denn »Konkurrenz belebt das Geschäft«. Deswegen also zwei Skiclubs, zwei Trachtenvereine, zwei Feuerwehren, zwei Fingerhaklergruppen. Für das Jahr 2010 aber will sich Garmisch-Partenkirchen gesamt als Austragungsort für die Olympischen Spiele bewerben. Dann allerdings in einem noch größeren Verbund. Sozusagen »Oberbayerische Spiele«, sagt Neidlinger, sollen das werden, mit Ski alpin in seiner Gemeinde, Ski nordisch in Ruhpolding, Bob und Rodeln in Berchtesgaden und den großen Stadionveranstaltungen in München. Der Werbeeffekt für Garmisch-Partenkirchen wäre natürlich trotzdem immens. Und würde dafür sorgen, dass der Ort im Schatten der Zugspitze vielleicht doch noch bekannter wird als Heidelberg – denn zumindest in Übersee ist er das noch nicht.

Frühlingswiese bei Farchant.
Wer tatsächlich hier steht, hört Autolärm.

Der Berg im Zeitalter seiner technischen Erschließbarkeit

Vom Bau der Zahnradbahn und anderen Bergbahnen

Entsetzt und ratlos stand Alexander Wagner am 10. Juni 2000 vor einem Trümmerhaufen aus gequetschtem Blech, zerborstenem Glas und ausgerissenen Sitzbänken. Nicht wegen der beiden Triebwägen, die der Werkstattmeister der Zugspitz-Zahnradbahn seit Jahren gehegt und gepflegt hatte und die im Katzensteintunnel zusammengestoßen waren. Sondern wegen der beiden Lokführer, die schwer verletzt im Krankenhaus lagen, und wegen 64 Kindern, Frauen und Männern mit Abschürfungen, Rippenserienbrüchen und Gehirnerschütterungen, die bei dem Unfall auf dem eingleisigen Streckenabschnitt zwischen Garmisch und Grainau zu Schaden gekommen waren.

Unterdessen musste Dr. Peter Hirt, der Vorstand der Bayerischen Zugspitzbahn Bergbahn AG, immer wieder die gleichen Fragen beantworten. Erschöpft sah er aus, mühsam seine Konzentration wahrend ob der vielen Fragen, zu denen er keine Antwort wusste. Keine Antwort wissen konnte, denn noch wurden um ihn herum die Zuginsassen behandelt. Blut klebte an der Karrosserie der Züge, auf den Sitzpolstern. Eine Haarspange lag inmitten von Glassplittern. Vollkommen eingedrückt war der Führerstand des talabwärts fahrenden Doppeltriebwagens mit der Nummer 10, in den sich die Kupplung des entgegenkommenden Zuges gebohrt hatte. Einige Tage später stand fest, dass »menschliches Versagen« zu dem Zusammenstoß geführt hatte.

Es gehört zu den Wirkungsmechanismen von Presse, Funk und Fernsehen, dass die an diesem Unglückstag gemachten Bilder, Interviews und Kommentare auf Jahre hinaus das Bild der Zugspitzbahn prägen werden. Dabei spielt es keine Rolle, dass der schwere Unfall ein Einzelfall in der 70-jährigen Geschichte der Zahnradbahn war. Einer Geschichte, die von großen Visionen, von ebenso großen Illusionen, von knochenharter Arbeit, von der Lust am technisch Möglichen und von der Freude der 530 000 Gäste handelt, die jährlich mit der Zahnrad- und der Eibsee-Seilbahn auf Deutschlands höchsten Berg transportiert werden. Auch nach dem Unfall.

Im Grunde genommen waren es die Schweizer, die mit dem Bau einer Zahnradbahn auf das Jungfraujoch den Anstoß gaben für die Idee, Deutschlands höchsten Berg einer alpinistisch nicht bewanderten Mehrheit zugänglich zu machen. Zwischen 1896 und 1912 hatten sich die Eidgenossen von der Kleinen Scheidegg unterhalb der Eiger-Nordwand bis auf 3454 Meter Höhe gegraben, gebohrt, gesprengt. Dem nach oben strebenden Erschließungseifer schienen keine Grenzen mehr gesetzt.

1930. Die Gipfelstation der ersten Seilbahn im Bau.

Linke Seite: 4453 Meter Dunkelheit. Der Zahnradbahn-Tunnel.

Dennoch sah es lange Jahre nicht so aus, als ob der Bau einer Zugspitzbahn tatsächlich einmal Wirklichkeit werden könnte.

1899 bereits hatte Prinzregent Luitpold von Bayern das erste Konzessionsgesuch zum Bahnbau abgelehnt mit der Begründung, es bestehe »keinerlei Verkehrsbedürfnis«. Den hartnäckigen Bemühungen bergbahnbegeisterter Ingenieure tat dieses Urteil keinen Abbruch. So stellte zum Beispiel Wolfgang Adolf Müller 1905 die Prognose: »Gelegentlich der Entwurfsausarbeitung einer Bahn auf den Großglockner kam der Verfasser auf das sehr nahe liegende Projekt, den höchsten und großartigsten Gebirgsgipfel unseres engeren Vaterlandes, die in den bayerischen Alpen gelegene, fast 3000 m hohe ›Zugspitze‹ durch eine Bahn zugänglich zu machen. Die näheren Erhebungen ergaben bald, daß die wirtschaftlichen Bedingungen für ein derartiges Unternehmen besonders günstige sind, wie auch der technischen Ausführung sich größere Schwierigkeiten nicht entgegenstellen.«

Aus den optimistischen Plänen Müllers wurde nichts. Dafür trat der in München lebende Österreicher Josef Cathrein auf die Bühne, dessen Schicksal, zumindest das zugspitzbezogene, fast tragisch zu nennen ist. 1909 erhielt Cathrein die Konzession für die Projektierung einer Seilschwebebahn vom Eibsee über die Riffelwand. (Wie kühn diese Idee war, ist daran zu ersehen, dass sie erst 1963 mit dem Bau der Eibsee-Seilbahn verwirklicht werden konnte.) Obwohl die Genehmigung 1911 verlängert wurde, brachte Cathrein nicht das nötige Kapital zur Finanzierung seines Projekts auf. 1914 tat er sich mit einer Gruppe Schweizer Ingenieure zusammen und erhielt eine befristete Planungsgenehmigung, diesmal für eine Zahnradbahn. Der Erste Weltkrieg durchkreuzte dieses Vorhaben, nach dem Krieg verhinderten Inflation und Wirtschaftskrise weitere Bemühungen. 1925 wurde der unermüdliche Cathrein noch einmal bei der bayerischen Regierung vorstellig. Erneut erhielt er eine Konzession, die er zwei Jahre später allerdings wieder verfallen lassen musste. Seine Träume waren geplatzt wie eine Seifenblase. Die Jungfernfahrt der Zahnradbahn sollte er nicht mehr erleben.

In 2400 Meter Höhe. Luftiges Quartier für 80 Arbeiter.

Am 1. April 1928 endlich gewannen die lang gehegten Vorstellungen Hand und Fuß. An jenem Tag wurde einem Konsortium deutscher Unternehmen die endgültige Genehmigung zum Bau einer gemischten Reibungs- und Zahnradbahn auf die Zugspitze erteilt. Am 18. Juni 1928 meldeten die Münchner Neuesten Nachrichten: »Heute erfolgte nunmehr die Gründung der Bayerischen Zugspitzbahn A.G. durch die Allgemeine Lokalbahn- und Kraftwerke A.G. Berlin, AEG Berlin und die Süddeutsche Treuhandgesellschaft München. Das Gründungskapital beträgt 5 Millionen Reichsmark. Mit dem Bau soll nunmehr unverzüglich begonnen werden.«

Was auch geschah. Einwände gegen die Zahnradbahn, den Naturschutz auf der nicht mehr ganz unbefleckten Zugspitze betreffend, waren in den vorhergehenden Jahren zwar laut geworden – am Baubeginn änderten sie nichts. Was daran liegen könnte, dass sich gerade die protestführende Sektion München des Deutschen Alpenvereins in Sachen Wege- und Hüttenerschließung besonders hervorgetan hatte. Ganz glaubwürdig

Vortrieb im Tunnel. Bis zu 2500 Arbeiter waren beim Bau der Zahnradbahn beschäftigt.

war der Antrag also nicht, den die Münchner auf der Generalversammlung des Deutschen und Oesterreichischen Alpenvereins 1924 stellten, und der einstimmig angenommen wurde: »Der Alpenverein sieht in der Erbauung einer Zugspitzbahn einen schweren Angriff auf den Frieden und die Ursprünglichkeit der Berge, eine Sünde an der Natur, die um so schlimmer ist, als für die Allgemeinheit nicht das geringste Bedürfnis dazu vorliegt und sie in einer Zeit geschieht, in der es gilt, von der Natur zu retten, was zu retten ist.«

Noch weniger als auf bayerischer Seite kümmerte man sich in Österreich um diesen Beschluss. Bereits am 5. Juli 1926 wurde die Tiroler Zugspitzbahn eröffnet, die von Ehrwald bis auf 2805 Meter Höhe führte, also 160 Meter unter dem Gipfel endete. Doch dazu später mehr. In Deutschland hatte man inzwischen beschlossen, auch angesichts des österreichischen Vorsprungs, dass alles wahnsinnig schnell gehen müsste. Die Zahnradbahn sollte bis zur Eröffnung der Oberammergauer Passionsspiele 1930 fertig sein. Für den Bau blieben also gerade mal zwei und ein viertel Jahre Zeit.

Entsprechend schnell ging man zu Werke. Am 19. Juni 1928 begann die fotogrammetrische Aufnahme des Zugspitzmassivs. Zweck dieser Vermessungsarbeit war »die beschleunigte Beschaffung eines genauen Planes in großem Maßstabe zur Ermöglichung einer völlig sicheren Planung der Bahn«. Bereits

In 75 Minuten fährt die Zahnradbahn auf das Zugspitzplatt. Startpunkt ist Garmisch.

einen Monat später, am 20. Juli 1928, lag dieser Plan im Maßstab 1:5000 und mit einem Schichtlinienabstand von 50 Metern vor. Die Vermesser hatten ganze Arbeit geleistet.

Jetzt allerdings musste erst noch verhandelt werden. 180 Bauern waren von der Bayerischen Zugspitzbahn AG zum Verkauf ihres Grunds zu überreden, bevor sie den Bau der Talstrecke in Angriff nehmen konnte. Am 19. Dezember 1929 schließlich war das Teilstück zwischen Garmisch und Eibsee betriebsfertig. Bis Grainau führte eine Reibungsbahn, dann begann die Zahnradbahn. Die baulichen Schwierigkeiten dieses Abschnitts waren, im Vergleich zu dem, was dann kam, relativ harmlos. Von der Station Eibsee sollte die Zahnradbahn über die Station Riffelriß zum Zugspitzgipfel führen.

Erfahrungen anderer Tunnelgräber hatten gezeigt, dass festes Kalkgestein einen täglichen Vortrieb von vier bis sechs Metern ermöglicht. Um den Tunnel vom Riffelriß zum Zugspitzplatt mit einer Länge von 4453 Metern und einem Höhenunterschied von 1010 Metern zu graben, hätte man demnach rund drei Jahre gebraucht. Zu lange. Irgendjemand muss dann beim Studium der Pläne auf die riskante, aber rettende Idee gekommen sein: Man stellte fest, dass der horizontale Abstand zwischen unterem und oberem Tunnelmund nur zwei Kilometer beträgt. Der Tunnel musste also in zahlreichen Windungen durch den Berg führen, was bedeutete, dass er an einigen Stellen sehr nah an die Nordabstürze des Riffelkamms heranführte. Sollte es nicht möglich sein, den Tunnel mittels kurzer Stollen von außen zu erreichen? Den Bau also gleichzeitig unten und am Berg zu beginnen?

Gesagt, getan. Mitten in den schroffen und finsteren Nordwänden wurden die so genannten Fenster I, III und IV eröffnet. (Ein Fenster II war geplant, wurde aber nie gebaut. Dafür kam später ein Fenster 0 hinzu.) Der Tunnelbau konnte an fünf Stellen gleichzeitig beginnen. Für die zeitweilig bis zu 2500 Arbeiter, die am Bau zugange waren, lautete die Devise der kommenden Monate und Jahre: »Männer macht Meter«.

Die Öffnung der Fenster war nicht gerade einfach gewesen. So erinnert sich der Journalist Heinrich Schott: »Der Winter 1928/29 wurde einer der strengsten seit Jahrzehnten. Schneefälle legen in den Dörfern und den Städten den Verkehr lahm. Rehe und Hirsche verlassen die Wälder und kommen an die Häuser. Die Vögel trommeln vor Hunger an die Fensterscheiben. Am Walchensee frieren Wildenten in die Eisdecke ein. Die Bevölkerung wird aufgerufen, den Tieren zu helfen.« Wie unmenschlich muss es gewesen sein, bei diesen Bedingungen durch meterhohe Schneeverwehungen in den Riffelwänden umher zu steigen. Ständig bedroht von Lawinen und Steinschlag, kämpfend mit zentimeterdick von Eis umhüllten Seilen und vor Kälte starr gewordener Lodenbekleidung.

Selbst die erfahrensten Alpinisten jener Jahre hatten gut zu tun, um die anvisierten Stolleneingänge zu erreichen. Dann mussten sie mit Eisenklammern und Drahtseilen die Steige sichern, auf denen Träger ihre schweren Lasten hinaufwuchteten zu den Fenstern. Kleine Kavernen entstanden und gezimmerte Hütten, in denen die Vortriebsmannschaften untergebracht wurden. In mühevoller Kleinarbeit verlängerten sie die Stollen, bis die Hilfsseilbahnen vom Riffelriß zu den Fenstern eröffnet wurden. Endlich konnte schweres Material, eine Tonne Gewicht mit einer Geschwindigkeit von zwei Metern pro Sekunde zu den Baustellen hinauftransportiert werden. Am 22. April 1929 war es auch am Fenster IV so weit: 80 Männer bezogen ihr luftiges Quartier in 2400 Meter Höhe.

Mit zehn Metern pro Sekunde schwebt die Tiroler Zugspitzbahn zum Gipfel. Ausgangspunkt ist Ehrwald.

1929. Arbeiter tragen Brennholz und Wasser zum Fenster I.

Links: Nicht mehr als zwei Stützen stehen zwischen Ehrwald und Gipfel.

Bis zu 260 Menschen in einem Zug. Ein Doppeltriebwagen kurz vor Hammersbach.

Inzwischen lebten im Baulager Riffelriß über 800 Menschen. Ein richtiges kleines Dorf war hier entstanden, mit Wohnbaracken und Büros, Werkstätten und Lagern, Küche, Kantine, Betonaufbereitungsanlage und Transformatorenstation.

Die im Oktober 1928 in Betrieb genommene Hilfsseilbahn zwischen Eibsee und Riffelriß transportierte während der Bauzeit etwa 10 000 Tonnen Baustoffe und 100 000 Personen, ohne dass es zu einem Unfall gekommen wäre. Was den Arbeitern fehlte, war Wasser. Sowohl das gesamte Trink- und Brauchwasser als auch das Wasser zur Betonmischung – wegen des brüchigen Gesteins wurde ein Drittel des Tunnels verkleidet – musste mit den Hilfsseilbahnen vom Eibsee heraufgeschafft werden.

Immerhin 5,3 Meter pro Tag fraßen sich die Arbeiter in jenen Tagen durch den Berg. Vom Tunnelmund durch eine 250 Meter lange Geröllhalde, dann durch feinen Muschelkalk, durch einen Keil aus Hauptdolomit und schließlich durch sehr reinen Wettersteinkalk mussten sie sich graben. Sieben Kompressoren trieben die Bohrhämmer an, mit denen die 1,20 Meter tiefen Sprenglöcher gebohrt wurden. Zweimal konnte während einer achtstündigen Schicht gesprengt werden. Das dabei anfallende Geröll wurde mit Hilfe von Schüttelrutschen aus den Stollen entfernt, teilweise aber auch in Loren gesammelt, mit Winden zur Bergaußenwand gebracht und einfach ins Freie gekippt. Insgesamt 85 000 Kubikmeter Erde und 160 000 Kubikmeter Fels wurden auf diese Art und Weise bewegt, wobei 197 800 Kilogramm Sprengstoff verwendet wurden.

Nicht zuletzt deswegen hatten die Bergarbeiter am 4. Dezember 1928 mit einer Messe ihre Schutzpatronin, die Heilige Barbara, in die Pflicht genommen. Doch die konnte ihre schützende Hand nicht immer über die Arbeiter halten. Am 1. Juni 1929 boh-

ren die beiden Mineure Emmerich Fuchslechner und Ludwig Peterskofer gerade ihr fünftes Sprengloch, als eine Explosion den Berg erschüttert. Einstürzende Felswände begraben sechs Männer. Fuchslechner ist sofort tot, Peterskofer stirbt am nächsten Tag im Krankenhaus.

Noch schlimmer kommt es am 5. Dezember 1929. Etwa gegen 13 Uhr geht im Stollen des Fensters IV völlig unvermittelt das Licht aus. Der Mineur Max Zillner schickt einen Mann zurück, um die Ursache festzustellen. Plötzlich hallt ein verzweifelter Ruf durch den Tunnel: »Es brennt!« Die Männer stecken in der Falle. Vor ihnen die Felswände, durch die sie sich bohren sollen, hinter ihnen lodernde Flammen. Ein Alptraum. Den Männern gelingt es, sich zu einem kleinen Notfenster und in die Wand hinaus zu retten.

Inzwischen hat man das Feuer auch im Tal bemerkt. Flammen züngeln aus der Kantine bei Fenster IV. Ein Föhnsturm nährt das Feuer, das auf die Wohnbaracken der 120 Arbeiter übergreift, die zu der Zeit in der Riffelwand leben. Ein Transformator zerspringt durch die Hitze, Öl ergießt sich in die Flammen. Vom Riffelriß schickt man eine Seilbahnkiste mit Rettungsgerät, Feuerlöschern und Gasmasken zum Fenster IV hinauf. Kurz bevor sie ankommt, reißt das glühende Drahtseil. Hemdsärmlig und in Hausschuhen harren die Arbeiter auf schmalen, verschneiten Bändern aus. Erst nach einer halben Ewigkeit wagen sie sich wieder in den Stollen. Zwei Menschenleben hatte das Feuer gefordert. Mehrmals war der Ingenieur Ludwig Tausendpfund in den Tunnel geeilt, um verirrte Kollegen herauszuholen – bis er selbst erstickte. Den Hilfsarbeiter Johann Bail ereilte dasselbe Schicksal, als er versuchte, seine Ersparnisse in Höhe von 600 Mark aus den Flammen zu retten.

Laut einer Unfallstatistik der AEG Berlin kamen beim Bau der Zahnradbahn zehn Männer ums Leben, verschüttet, abgestürzt, von Steinen erschlagen. Doch auch die Überlebenden waren gezeichnet, hatten zu kämpfen mit der Höhenluft und den ständig wechselnden Temperaturen, mit dem Wind, dem Regen, dem Schneefall. Es gibt kein Zeugnis jener Zeit, die Arbeiter führten keine Tagebücher. Da ist es fast ein Glücksfall, dass der Werksstudent Heinz May am Bau der Zahnradbahn mitarbeitete. In seinen Notizen heißt es: »Ich bin nicht groß gebaut und nicht der Stärkste, aber ich habe mich auch nie für schwach gehal-

Eine 55 Meter hohe Stahlkonstruktion. Die Stütze der Tiroler Zugspitzbahn ist auch aus dem Loisachtal sichtbar.

ten. Und was war es, was nach diesem ersten fürchterlichen Nachmittag von mir übriggeblieben war? Ein Haufen Elend, ein vollkommen zerschlagener, geräderter, an Leib und Seele zerschundener Mensch!«

Bereits einige Tage nach Ausbruch des Feuers im Fenster IV wurden die Arbeiten fortgesetzt. Am 8. Februar 1930 schließlich begaben sich auch die Herren der Bauleitung in den Tunnel. Schließlich wollten sie dabei sein, als um 2.55 Uhr der Durchbruch zum Zugspitzplatt gelang. Ein feierlicher Augenblick muss es gewesen sein, als sie nach der letzten Sprengung hinauslugten auf das vom Mond beschienene Platt und auf den sternenübersäten Himmel. Doch die Wunder der Natur waren in diesem Moment weniger wichtig. Was zählte, das war der vermeintliche Sieg der Technik über den Berg. Die Abweichung vom berechneten Durchschlag lag bei fünf Zentimetern quer und acht Zentimetern in der Höhe.

Querschnitt eines Tragseiles der Eibsee-Seilbahn.

Fünf Monate nach dieser gelungenen Demonstration menschlicher Rechen- und Baukunst, am 8. Juli 1930, eröffnete der damalige Erzbischof der Diözese München und Freising, Kardinal Michael von Faulhaber, die Zahnradbahn. Seine Predigt hatte den wohl überlegten Titel »Ascendi te« – Steige empor.

Der Mann, der den ersten Zug auf der insgesamt 18 Kilometer langen Strecke zwischen Garmisch und dem Zugspitzplatt führte, hieß Karl Hauck. Erwähnenswert ist dies deshalb, da Hauck noch 10 025-Mal Loks und Triebwägen nach ganz oben fahren sollte und damit bis heute den Rekord hält. Sein Sohn Werner arbeitete ebenfalls bei der Zugspitzbahn, 44 Jahre lang als Elektromeister in der Betriebswerkstatt. »Gottvater, Gottes Sohn, Hauck«, so lautete ein geflügeltes Wort bei den Mitarbeitern.

Am 20. Januar 1931 wurden zu guter Letzt das Hotel Schneefernerhaus und die Gipfelseilbahn dem öffentlichen Verkehr übergeben. Damit war der Zugspitzgipfel endgültig allgemein zugänglich geworden. »Mancher, der gewohnt war, sich an der Einsamkeit der Berge zu erfreuen, mag dies bedauern«, hieß es dazu in den Mitteilungen der AEG Berlin vom April 1931, »die Menschheit als Ganzes muß es begrüßen, daß der Zuwachs an seelischer Kraft und an körperlicher Gesundheit, den uns die Berge geben, nun für alle erreichbar ist.« Zum Opfer fiel diesem selbstlosen Anliegen allerdings der Mittelgipfel der Zugspitze, ein zehn Meter hoher Felskopf, der »durch den Turm der Gipfelstation ersetzt wurde, so daß der Gesamtumriss des Gipfels jetzt wieder annähernd in seiner alten Form hergestellt ist«. Das zu behaupten war dann doch etwas dreist.

Jedenfalls hatte die Tiroler Zugspitzbahn, die am 5. Juli 1926 nach nur 14-monatiger Bauzeit in Betrieb gegangen war, Konkurrenz bekommen. Denn obwohl die in Ehrwald-Obermoos beginnende Bahn gut beim Publikum ankam, hatte sie doch einen Makel. Sie endete unterhalb des Gipfels, so dass den Gästen zum einen die Aussicht nach Norden und Osten versperrt war, und sie zum anderen noch 160 Höhenmeter zu Fuß zurücklegen mussten, wollten sie die höchste Spitze Deutschlands betreten und vor allem das Panorama genießen.

Da dies nicht jedermanns Sache war, kamen die Tiroler auf die Idee, von der Gipfelstation und dem dort befindlichen Kammhotel einen Tunnel zum Zugspitzplatt zu graben. In Bayern freilich stieß dieses Vorhaben auf Missfallen, hatte man doch zu diesem Zeitpunkt bereits selbst große Pläne. So hieß es etwa im Werdenfelser Anzeiger vom 18. Dezember 1926: »Der Tunnel wäre das Grab der bayerischen Zugspitzbahn.« Nun, er wurde dann doch gegraben, zunächst allerdings nur zum Zugspitzeck. Erst 1937 verlängerte man den Tunnel auf 720 Meter Länge und schuf damit einen unterirdischen Grenzübergang mit Aussichtsfenstern zwischen Kammhotel und Schneefernerhaus. Möglich war dies unter anderem deshalb geworden, da die Bayerische Zugspitzbahn AG am 15. Februar desselben Jahres die Aktienmehrheit am österreichischen Konkurrenzunternehmen übernommen hatte. Obwohl das Gebirge gerne zum politikfreien Raum stilisiert wird, sei es doch erlaubt darauf hinzuweisen, dass im März 1938 der Anschluss Österreichs an das Deutsche Reich erfolgte.

Interessant ist vielleicht, dass es zwei literarische Zeugnisse gibt, die den Bau der Tiroler Seilbahn in gleicher Weise kommentieren wie ihre kulturhistorische Bedeutung einschätzen. Da ist zum einen das Theaterstück »Revolte auf Côte 3018 / Die Bergbahn« Ödön von Horváths, in dem ein handgreiflicher Zusammenstoß zwischen Betriebsleitung und Arbeitern dramatisiert wird. Und in dem ein »Aufsichtsrat« seinen »Ingenieur« die richtige Einstellung gegenüber der Natur vermittelt: »Es wäre doch auch zu traurig, wenn man im zwanzigsten Jahrhundert noch derart vom Wetter abhängen müßte! Sollte sich also die Inbetriebnahme wieder verzögern, sind sie entlassen.«

Kleine Gondel vor großer Riffelwand. Die Eibsee-Seilbahn.

Zum anderen ist da Kurt Tucholskys Text »Ausflug auf die Zugspitze«, in dem es heißt: »Auch schwebten wir die Zugseilbahn hinauf, ich paßte auf, ..., daß mir nicht übel wurde. ... Die Zugspitzbahn ist ein Triumph menschlichen Erfindergeistes, ein Wunderstück deutscher Technik, die Überwindung der Elementargewalten durch die Kraft der Beharrlichkeit und etwas völlig Blödsinniges. Wenn ich die Zugspitze wäre: man müßte sich ja zu Tode schämen. Sieht man von den Ski-Leuten ab, die sich ›mit die Brettln‹ im Winter da heraufziehen lassen können, um herrlich wieder herunter, zu Tal, zu fahren – der Berg ist gar kein Berg mehr. Entzaubert, von seinem Thron jäh heruntergeholt, eine Plattitüde von dreitausend Metern. Oben stehen die Leute und wissen nicht genau, was sie da sollen.«

Jedenfalls hatten sie eine völlig neue Erfahrung gemacht: die des Schwebens. Nicht ganz unerheblich war das für die Geschichte der Wahrnehmung, knapp 100 Jahre nach der Eröffnung der ersten Eisenbahnstrecke, über die Heinrich Heine geschrieben hatte: »Welche Veränderungen müssen nun eintreten in unserer Anschauungsweise und in unseren Vorstellungen! Sogar die Elementarbegiffe von Zeit und Raum sind schwankend geworden. Durch die Eisenbahnen wird der Raum getötet, und es bleibt uns nur noch die Zeit übrig.« Die Bergbahnen verpassten auch dieser einen Warnschuss, was im Zeitalter der Digitalisierung von Raum und Zeit weniger dramatisch wirken mag, als es tatsächlich war.

Nach Ende des Zweiten Weltkriegs ging die Tiroler Zugspitzbahn, als »deutsches Vermögen im Ausland« enteignet, wieder in österreichischen Besitz über. (Die Gründung der Tiroler Zugspitzbahn AG mit Sitz in Ehrwald erfolgte aber erst 1958, nachdem die Eigentumsfrage mit Abschluss des Österreichischen Staatsvertrages endgültig geklärt worden war.) Schlagzeilen machte sie, als das traditionsreiche Kammhotel – Max Schmeling zum Beispiel hatte 1929 einige Wochen dort genächtigt, um sich in der Höhenluft auf einen Boxkampf vorzubereiten – in der Nacht vom 28. auf 29. September 1962 abbrannte. Bernhard Schmidt, damaliger Vorstand der Bayerischen Zugspitzbahn AG, traute seinen Augen kaum, als er am Unglücksort eintraf: »Die Flammen schlugen aus dem Holzbau des Kammhotels teilweise bis zum Grat hoch.«

Ersatz winkte den Österreichern, als am 15. Mai 1964 die neue Gipfelseilbahn in Betrieb ging. Ein Jahr später öffnete ein Hotel mit einem 350 Menschen fassenden Panoramarestaurant seine Pforten – jetzt allerdings richtig auf dem Gipfel, womit sich die Tiroler auch endlich ganz oben eingenistet hatten. Wer weiß, ob

10. Juni 2000. Zusammenstoß im Katzensteintunnel.

nicht der Bau der, wiederum bayerischen, Eibsee-Seilbahn, die am 1. Dezember 1962 eingeweiht worden war, den letzten Anstoß für dieses Projekt gegeben hatte. Kann aber auch sein, dass es umgekehrt war. Tatsache jedenfalls ist, dass in den vergangenen Jahrzehnten immer erst die eine, dann die andere Nation ein neues Zugspitzprojekt vorantrieb.

So begann die Bayerische Zugspitzbahn AG am 14. Juni 1985, einen neuen Tunnel für die Zahnradbahn zu bauen. Diese sollte nicht mehr zum Schneefernerhaus, sondern direkt auf das Zugspitzplatt fahren. Die neue Verbindung, »Rosi-Tunnel« benannt nach der mehrfachen Golmedaillengewinnerin Rosi Mittermaier-Neureuther, wurde samt Gletscherbahnhof am 15. Januar 1988 eröffnet. Heute können die Gäste auf 2588 Meter Höhe quasi direkt vom Zug ins Restaurant »SonnAlpin« umsteigen, das ein Jahr später in Betrieb genommen wurde. Oder sie reihen sich sofort in die Warteschlangen der neun Schlepplifte und des einen Sessellifts im Skigebiet ein. Dann wiederum waren es die Österreicher, die das muntere Bauspielchen fortsetzten. Am 11. Juli 1991 eröffneten sie eine vollkommen neue Zugspitzbahn, die die Strecke von Ehrwald auf den Gipfel in sieben Minuten bewältigt. 100 Personen fassen die Kabinen, die mit einer Geschwindigkeit von zehn Metern pro Sekunde über das Österreichische Schneekar gen Gipfel schweben und damit die Beförderungsleitung gegenüber der alten Seilbahn verdreifachen. Nur zwei Stützen markieren die Seilbahntrasse. Die obere der beiden steckt wie ein überdimensionaler Nagel in dem schmalen Gratrücken unterhalb der Wiener-Neustädter Hütte. 55 Meter ist sie hoch und weithin sichtbar. Ein stählernes Ausrufezeichen, das die technische Eroberung des Berges markiert.

Den vorläufigen Schlusspunkt dieser Entwicklung setzte die Bayerische Zugspitzbahn am 21. Dezember 1992. An diesem Tag wurde, so heißt es, an der Zugspitze »die neue Dimension« eröffnet, nämlich die Gletscher-Seilbahn mit ihren futuristischen, rundum verglasten Großkabinen. 1000 Menschen können seitdem von der Bergstation der Zahnradbahn auf den Gipfel transportiert werden, pro Stunde. Von dort aus bringt sie die Eibsee-Seilbahn wieder ins Tal zurück, womit die 79 Mark teure Zugspitzrundreise abgeschlossen wäre. Man kann das Ganze natürlich auch andersrum machen.

Es ist zwar kaum vorstellbar, aber doch anzunehmen, dass sich bauwütige Ingenieure nicht allzu lange mit dem bisher Verwirklichten zufrieden geben werden. Dr. Peter Hirt zum Beispiel, Vorstand der Bayerischen Zugspitzbahn Bergbahn AG (so heißt das Unternehmen, seit es am 1. Dezember 1998 mit der Wank-Bahn AG fusionierte), ging Mitte des Jahres 2000 mit einer »Vision« an die Öffentlichkeit, die die Verbindung der Skigebiete Alpspitze und Zugspitze mittels eines fünf Kilometer langen Tunnels vorsieht. Straßenbahnartige Züge könnten diese steigungsfreie Strecke, glaubt Hirt, mit einer Geschwindigkeit von 80 Stundenkilometern in fünf Minuten zurücklegen. Der Bau der Röhre würde zwar rund 40 Millionen Mark kosten, dafür hätte die Zugspitze aber eine Talabfahrt, was laut Hirt »viele Probleme lösen würde. Zum Beispiel die Parkplatzsituation am Eibsee, den Verkehr durch Garmisch und Grainau und die Engpässe bei der Talfahrt vom Zugspitzplatt.«

Bleibt die Frage, ob sich die Marktgemeinde Garmisch-Partenkirchen, die der Frankfurter Aktiengesellschaft für Industrie und Verkehrswesen (AGIV) 1997 die Zugspitzbahn abkaufte, die Verwirklichung dieser Pläne leisten kann und will. Funktionieren die Mechanismen der repräsentativen Demokratie, so sind es ja letztendlich die Bürger, die über die Zukunft »ihrer« Bahn entscheiden, samt der 320 Mitarbeiter und einem Jahresumsatz von 47 Millionen Mark.

Zu bedenken ist dabei, dass der Betrieb einer Bergbahn auch eine gehörige Portion Risiko beinhaltet. »Mit Lawinenunfällen, Bergstürzen und Unfällen«, sagt Hirt, »muss man als Bergbahndirektor immer rechnen.« So verschütteten in den 70er-Jahren große Lawinen die Strecke der Zahnradbahn unterhalb der Station Riffelriß, trotz Schneeverbauungen und vorbeugender Sprengungen. Wie durch ein Wunder kam dabei niemand zu schaden. Der erste Unfall auf den Gleisen der Bergstrecke ereignete sich am 1. August 1999. Damals konnte der Fahrer eines talwärts fahrenden Zuges nicht mehr rechtzeitig bremsen und krachte mit 15 Stundenkilometern in einen stehenden Zug. 16 Menschen wurden dabei verletzt. So schlimm dies war, so harmlos nahm es sich aus im Vergleich zu jenem Unfall vom 10. Juni 2000, über den die ARD am selben Abend einen »Brennpunkt« sendete, in dem die Frage »Wie konnte das passieren?« gebetsmühlenhaft wiederholt wurde und trotzdem ohne Antwort blieb. Zwei Tage später titelte die Münchner Abendzeitung verschwörerisch: »Zugspitz-Tragödie – Versehen oder Vorsatz?« Die Leidtragenden dieser Vorgänge, sagt Werkstattmeister und Betriebsrat Alexander Wagner, seien die beiden Lokführer gewesen. Ansonsten sei das Unglück in der Belegschaft »irgendwie verdrängt« worden. Die Gäste der Zugspitzbahn hatten es sowieso schnell vergessen, denn schon am Tag darauf herrschte auf der Strecke zwischen Garmisch-Partenkirchen und Zugspitzplatt normaler Betrieb. Vielleicht, weil neben der Faszination Zugspitze nun auch eine wirkliche Sensation lockte.

Zugspitzbahnchef Dr. Peter Hirt im Visier der Medien.

Zwischen Heimwerkerarbeit und Hochseilakrobatik

Die Revisionsarbeiten an der Eibsee-Seilbahn erfordern ganzen Einsatz

Erst langsam und ruckweise, dann immer schneller gleitet der kleine Stahlkäfig aus der Bergstation der Eibsee-Seilbahn. Vier Menschen stehen in der Rettungskabine winzig und verloren hoch über dem Bayerischen Schneekar. Es ist Anfang Mai, in den Nordabstürzen des Zugspitzmassivs liegt noch meterhoch der Schnee. Ein eisiger Wind pfeift aus Nordwesten und die Höhe ist schwindelerregend. »Wenn eine Gondel nach der zweiten Stütze stecken bleibt«, sagt Franz Greiner, stellvertretender Betriebsleiter der Eibsee-Seilbahn, »dann können wir die Passagiere nicht mehr abseilen.« Dann müssen sie mit der zehn Mann fassenden Notfallkabine geholt werden. Und deshalb müssen die Mitarbeiter jedes Jahr eine Bergeübung abhalten.

Die Fahrt in die Tiefe ist Teil der Revisionsarbeiten, die die Bayerische Zugspitzbahn Bergbahn AG zweimal jährlich durchführt. Für die Mitarbeiter bedeutet dies, neun Stunden täglich zu malochen. Nicht gerade eine leichte Arbeit, schon gar nicht in der Höhe, und auch keine ganz ungefährliche. Zwar wirkt es nicht gerade wie im Ernstfall, als Peter Riesch, Stephan Reiser, Jiří Dvoracek und Andreas Reitz die Rettungskabine ablassen und ins Tragseil der Seilbahn einhängen, doch auf den vereisten Eisenträgern, Geländern und Plattformen können sie schon bei der kleinsten Unachtsamkeit ausrutschen. Weshalb die Anweisung Greiners lautet: »Erstens: Immer sich selbst mit Klettergurt und Karabiner sichern. Zweitens: Immer auf die anderen mit aufpassen.«

Was auch gut funktioniert, denn die 16 Mitarbeiter der Eibsee-Seilbahn sind eine eingespielte Mannschaft. Während Greiner zusammen mit Barbara Schaller, der einzigen Frau im Team, Oliver Haase, dem Zweimetermann, und dem kleinen Gani Pantina 300 Meter über Grund nach unten gleitet, sitzen Peter Langer und Florian Weichseldorfer im Windenraum. Letzterer ist mit seinen 23 Jahren der Jüngste und schon ein wenig stolz über das Vertrauen, das ihm entgegengebracht wird. Schließlich sind die beiden im Moment die wichtigsten Männer. Sie stehen im Funkkontakt mit der Rettungskabine und müssen je nach Anweisung sofort bremsen oder Seil nachgeben, damit die Leute draußen sicher ans Ziel und wieder zurück gelangen.

Es war übrigens eine ähnliche Winde, an der an einem klaren Wintertag im Jahre 1960 Hans Hibler und Anton Reindl über die Zugspitz-Nordwand hinab gelassen wurden. Die beiden Bergwachtmänner zogen ein Montageseil zu Tal, an dem ein Hilfsseil zur Bergstation hinaufgezogen werden konnte. Dieses wiederum

Schwindelfreiheit ist Voraussetzung. 250 Meter über dem Bayerischen Schneekar wechselt Peter Schreyer einen der zwölf Seilreiter aus.

Linke Seite: 20 Meter tief ist der Spannschacht der Talstation. 220 Tonnen schwere Gewichte gleichen die Dehnung der Seile aus.

Selbstsicherung gleich Lebensversicherung.
Peter Schreyer prüft die Lage der Wippen.

Dünne Luft und große Kälte. Die Revisionsarbeit ist kein Zuckerschlecken.

diente dazu, die Tragseile der Seilbahn nach oben zu befördern. Diese beiden Stahlseile mit einem Durchmesser von jeweils 46 Millimetern wurden in der Bergstation mehrmals um eine Stahlbetontrommel gewickelt und durch Klemmen gesichert.

Im Tal dagegen sind sie in einem 20 Meter tiefen Schacht verspannt. 220 Tonnen schwere Gegengewichte aus Stahl und Beton gleichen dort die Seildehnung aus, die aufgrund unterschiedlicher Temperaturen und Lasten ständig schwankt. Rauf und runter bewegt werden die 44 Personen fassenden Kabinen mit Hilfe zweier Zugseile. Diese sind so genannte Endlosschleifen, die im Maschinenraum der Talstation um Antriebsscheiben und in der Bergstation um Umlenkscheiben laufen.

Die Seile der Eibsee-Seilbahn werden von zwei Stützen getragen, deren Signalrot scharf mit dem grünen Mischwald und dem grauen Gestein ringsum kontrastiert. 65 und 85 Meter sind sie hoch und es ist schier unglaublich, dass allein diese beiden Fachwerkkonstruktionen ausreichen, um eine Strecke von 4450 Metern und eine Höhendifferenz von 1950 Metern zu überbrücken. Da die Zugseile auf diese Entfernung stärker durchhängen als die Tragseile, sind an diesen zwölf Seilreiter befestigt. Über diese laufen die Zugseile, womit sie auf gleicher Höhe wie die Tragseile gehalten werden.

Da auch die Seilreiter einem ständigen Verschleiß unterliegen, müssen sie während der Revisionsarbeiten ausgewechselt werden. Peter Schreyer betreibt dafür eine Mischung aus Heimwerkerarbeit und Hochseilakrobatik. 250 Meter über dem Boden klettert er aus der Kabine, setzt sich auf die Zugseile, hievt mit Hilfe einer Winde den 250 Kilogramm schweren Seilreiter nach oben und klemmt ihn von Hand an den Tragseilen fest. Wer nicht absolut schwindelfrei ist, hat bei dieser Arbeit nichts verloren. Ebenso wenig bei der Kontrolle der Wippen, über die das Seil an

Ästhetische Mechanik.

den Stützen läuft. Oder beim Check dieser Stahlungetüme, der eine Überprüfung jeder noch so kleinen Strebe erfordert und der insgesamt zwei Tage dauert.

Wenn Hochbetrieb herrscht, fahren die Kabinen bis zu 50-mal pro Tag auf den Zugspitzgipfel. Altgedienten Schaffnern wie Wolfgang Reindl sieht man an, dass diese Arbeit an die Substanz geht. Der ständige Wechsel vom Warmen ins eisig Kalte, von 1000 auf 2950 Meter Meereshöhe in nur zehn Minuten gräbt tiefe Falten ins Gesicht. Dazu kommt der Wind, »unser größter Feind«, wie Greiner sagt. Bläst er mit mehr als 16 Metern pro Sekunde, muss die Eibsee-Seilbahn ihren Betrieb einstellen. Die Kollegen der Zahnradbahn witzelten deshalb schon mal, sie würden an der Station Riffelriß ein Schild aufstellen mit dem Hinweis: »Bitte nicht blasen!«

Als die Seilbahn am 1. Dezember 1962, voll beladen mit Ehrengästen, ihre Jungfernfahrt antrat, trat ein Störfall der ganz anderen Art ein. Ein Fernsehreporter war gegen den Steuerungskasten der Kabine gestoßen, in dem auch alle Sicherungen untergebracht sind. Letztere sprangen sofort an, wurde ihnen doch

Keine Fahrt ins Ungewisse – dank einer umsichtigen Belegschaft.

der Größte Anzunehmende Unfall (GAU) suggeriert, also der Riss beider Zugseile. Die Folge: sofortige Auslösung aller Bremsen am Antrieb und am Laufwerk. Was wiederum infolge des ruckartigen Stillstands den Überwurf der Zug- über die Tragseile nach sich zog. Es ging also erstmal gar nichts mehr und erst nach zweieinhalb Stunden langsamer Fahrt kehrten sämtliche Passagiere wohlbehalten zur Erde zurück.

Der Bayerischen Zugspitzbahn AG wurde erst einmal die Fahrerlaubnis für die Eibsee-Seilbahn entzogen. Erst am 15. Mai 1963 nahm sie offiziell den Betrieb auf und seitdem läuft sie, abgesehen von einigen marginalen Störungen, ohne Probleme. Tatsächlich muss man nicht unbedingt ein Technikfreak sein, um

Zwei Tage dauert die Kontrolle der Stütze. Währenddessen wird auch das Hauptgetriebe von Metall- und Schmutzpartikel gereinigt (unten).

eine Fahrt mit einer der silbernen Gondeln beeindruckend zu finden. Einschüchternd ist die Froschperspektive, der Blick hinauf, wo die Tragseile im Nebel verschwinden. Umso überwältigender dann die Aussicht auf den Eibsee, Garmisch-Partenkirchen und die Ammergauer Berge.

Nachdem das Revisionsteam auch das Hauptgetriebe der Seilbahn von Metall- und Schmutzpartikeln gereinigt und Betriebsleiter Peter Huber eine magnetinduktive Seilprüfung vorgenommen hat, während der das neun Kilometer lange Zugseil auf feinste Risse untersucht wird, ist der zweiwöchige Ausnahmezustand bei der Eibsee-Seilbahn beendet. Ein letztes Mal noch nehmen Greiner und seine Kollegen ihr Mittagessen in der Kantine des »SonnAlpin« ein, ohne Rücksicht auf Fahrpläne und Schichtdienst. Ausgelassen ist die Stimmung und es gibt nur ein Gesprächsthema: Die Startaufstellung für das Gokartrennen, mit dem die Mannschaft den Abschluss der Revisionsarbeiten feiern wird.

*4450 Meter Strecke
und 1950 Meter Höhenunterschied.
Dazwischen zwei 65 und 85 Meter
hohe Stützen.*

Ein Hirschgerippe im Sturm

Die Kunst auf der Zugspitze spielt mit alpinen Klischees

Am Ortsausgang von Bad Bayersoien müsse man in den Feldweg einbiegen, der in Richtung Ammerschlucht führt, hatte er gesagt. Dann käme man unweigerlich zu seinem Haus. Eine kurze Nachfrage bei einem Bauern, der gerade das Dach seiner Scheune ausbessert, bringt Gewissheit: »Wenn gar nichts mehr kommt, dann kommt der Lang.« Der Lang, Nikolaus Lang, der Künstler. Keine tausend Worte könnten mehr verraten als die etwas eigenwillige Wegbeschreibung: über die Situation eines 59-jährigen Individualisten in seiner Werdenfelser Heimat. Über das Leben eines Bildhauers, der mutig und kreativ ist und gleichzeitig seinen »konservativen Background wie einen Rucksack« mit sich schleppt.

Es sind wohl diese beiden Pole, die das künstlerische Schaffen Langs bestimmt haben und immer noch bestimmen. Auch seine Installationen auf der Zugspitze zeugten davon. Wie verloren, wie fremd wirkte das Skelett eines Hirschs, das Lang zwischen Ostgipfel und Gipfelstation mittels Stahlseilen aufgespannt hatte. Das Werk mit dem Titel »Das andere Leben des Hirschen – Rising to the Occasion« löste Irritationen aus. Über ein halbes Jahr hinweg konnten Skifahrer, Snowboarder, Bergsteiger und Touristen die dürre Silhouette bewundern. Oder sie nichtssagend finden. Oder sich darüber aufregen.

Wie auch immer, es wird ganz im Sinne von Werner Knaupp gewesen sein. Der Nürnberger Kunstprofessor nannte selbst über ein Jahr lang ein kleines Atelier auf der Zugspitze sein eigen. Mitte der 90er-Jahre war er an den Vorstand der Bayerischen Zugspitzbahn, Peter Hirt, mit dem Vorschlag herangetreten, den 450 Quadratmeter großen Panoramaraum der 1993 eröffneten Gipfelstation der neuen Gletscherbahn in eine Ausstellungshalle zu verwandeln. Kunstliebhaber Hirt war Feuer und Flamme, der Innenarchitekt Uwe Fischer besorgte den Umbau, und Lucius Grisebach, Direktor des Neuen Museums in Nürnberg, kümmerte sich fortan um das Programm.

Am 1. Juli 1995 wurde das Projekt »kunst auf der zugspitze« mit einer Ausstellung des Holzbildhauers Stephan Balkenhol eröffnet. Der Karlsruher hatte eine 800 Kilogramm schwere und 4,40 Meter lange Meerjungfrau vor die Kulisse der Alpengipfel platziert. Bis heute haben elf Künstler ihre Werke auf der Zugspitze präsentiert. Lauter

Moderne Kunst als Spurensicherung. Nikolaus Lang und das Hirschgerippe.

Linke Seite: Ablenkung vom Panorama. Installation in der Ausstellungshalle.

Kreative, die in der zeitgenössischen Kunstszene Rang und Namen haben: Tony Cragg, François Morellet, Armando, Werner Knaupp selbst, Richard Long, Christiane Möbus, Roni Horn, Rémy Zaugg und zuletzt Rosemarie Trockel.

Nikolaus Lang war der zehnte dieser Reihe und bisher der einzige Künstler, der in näherer Umgebung der Zugspitze wohnt. Mit dem zweiten Werk, das er neben dem »anderen Leben des Hirschen« auf Deutschlands höchsten Berg gebracht hatte, zeigte er ein Stück eigener und gleichzeitig regionaler Geschichte. Als Lang mit seiner Frau und den beiden Söhnen den 1854 erbauten Grundbauernhof bezog, in dem die Familie noch heute lebt, stieß er auf ein irrwitziges Sammelsurium aus Vorräten, religiös behafteten Zeichen, Büchern und Notizen. »Das Haus war voll bis oben hin.« Er fand mit Nudeln, Linsen und Reis gefüllte Einweckgläser, eingelegte Früchte, Schnapsflaschen, geweihtes Öl, Amulette und Heiligenbildchen. Angetrieben von einer kaum begreifbaren Angst hatten sich die ehemaligen Bewohner, die isoliert von der Dorfgemeinschaft lebten, »spirituell und materiell versichert«.

Lang sammelte seine Fundstücke mit archäologischer Akribie, nummerierte und verstaute sie in 14 Kisten. »Für

Rosemarie Trockels »Miss Wanderlust« blickt auf die Welt hinab.

Frau G.: Lebensmittelhort und religiöser Hort« nennt er seine Arbeit. Um ein weißes Laken herum drapierte Lang die Bestandteile seines Werks, das zum Zentrum des Ausstellungsraumes wurde. Zentriert wurden auch die Blicke der Besucher, abgelenkt vom grandiosen Panorama, das vom Klinikum Großhadern in München bis zur Spitze des Piz Bernina reicht. Kunstbetrachtung statt Naturschau – Lang sieht darin keinen großen Unterschied. »Sowohl Natur als auch Kultur dienen der Kompensation von Verlusten.«

»Das andere Leben des Hirschen – Rising to the Occasion«.

Der Kunstkritiker Günter Metken belegte die Art der Kunstausübung, wie sie Nikolaus Lang betreibt, vor gut 30 Jahren mit dem Etikett »Spurensicherung«. Er beschrieb damit das Vorgehen, Spuren des alltäglichen Lebens zu sammeln und diese Gegenstände in die Sphäre der Kunst zu überführen. Einmal in das System der Kunstschaffenden, des Kunstbetriebs und der Kunstbeobachter integriert, wird auch das Skelett eines Hirschs anders wahrgenommen. Egal ob es von Lang auf einer Kraxe durch Berlin getragen wird oder auf der Zugspitze von Bergdohlen umflogen, es weckt Gefühle, Assoziationen, zwingt den Betrachter zur Auseinandersetzung.

Spuren sichert Lang übrigens nicht nur in seiner Heimat. Seit er als Junge einmal nach Skandinavien getrampt ist, »hat mich die Fremde gereizt«. Die blauen Augen des Künstlers beginnen zu leuchten, als er von seinen vier Jahren an der Camberwell School of Arts and Crafts in London erzählt, die er zunächst als Student besuchte und später als Dozent bereicherte. »Irre lucky« sei er damals gewesen. Genau wie später, als er für zwei Jahre nach Tokio ging.

Plötzlich, mitten im Satz, drückt Lang die selbstgedrehte Zigarette aus, schiebt seinen Stuhl zur Seite. Schlank, fast schlaksig steht er da, die rote Hornbrille mit den weißen Bügeln baumelt an einem Band um seinen Hals. Er setzt einen imaginären Hobel auf eine schiefe Ebene an. Doch statt ihn mit Kraft nach oben zu schieben, zieht er ihn mit Leichtigkeit und Eleganz nach unten. Das gehe viel leichter. In Japan, sagt Lang, habe er das gelernt und dabei begriffen, dass man die Dinge auch aus einem ganz anderen Blickwinkel als dem abendländischen betrachten kann.

Lang setzt sich wieder, streicht seine etwas wirren Haare aus dem Gesicht. Ein Wunder sei es, sagt er, »dass ich heute mit der Kunst eine Familie ernähren kann«. Seit dem Wintersemester 2000 hat Lang einen Lehrauftrag an der Münchner Kunstakademie. Dennoch will er auch weiterhin, wie bereits seit 1979, jedes Jahr für mehrere Monate in Australien leben und arbeiten. Dort beschäftigt er sich nicht nur mit der Kultur der Aborigines, sondern durchstreift auch auf oft abenteuerlichen Wegen das Outback, die Flinders Range und die Kimberleys.

Trotz aller Freude an der Fremde ist Lang sehr stark in seiner bayerischen Umgebung verwurzelt. Einerseits. Andererseits sagt Lang, er sei im Dorf »ein Außenseiter«. Vielleicht ist das zwangsläufig so bei einem, der sich seit vielen Jahren mit dem Begriff »Tradition« auseinander gesetzt hat und dabei zu dem Schluss gekommen ist, Tradition zu bewahren sei mehr als bereits Existierendes zu entstauben.

Kunst ist, was Irritationen auslöst. Und sei es eine Figur aus Polyesterschaum.

Das gelte für die Architektur wie für die Kunst, für die Religion wie für die Politik. »Wenn Tradition nicht lebendig bleibt, kann man sie sich gleich auf den Gamsbart stecken.«

Dabei kommt Lang aus einem Ort, der traditionsbeladener kaum sein kann. In Oberammergau, dem Schauplatz der alle zehn Jahre stattfindenden Passionsspiele, ist er geboren und aufgewachsen. Dort hat er auch die Schnitzschule besucht. Vier Jahre lang, die wegweisend sein sollten für sein späteres künstlerisches Schaffen. Denn »als Bub bin ich immer draußen gewesen«, sagt Lang. Nie als Kletterer, nie als Extremer, aber immer in weglosem Gelände. Oft habe er unter freiem Himmel geschlafen. Kein Wunder also, dass die Natur bis heute ein wichtiges Element in Langs Werk darstellt. Da traf es sich natürlich gut, Teile seines Schaffens auf der Zugspitze ausstellen zu können, sie der Natur gegenüber zu stellen. Voll des Lobes äußert sich Lang denn auch über den »kunstsinnigen Herrn Hirt«. Schließlich sei es nicht alltäglich, dass sich ein Ingenieur so für moderne Kunst begeistern könne.

Tatsächlich musste Zugspitzbahnchef Hirt sein etwa 600 000 Mark teures Kunstprojekt erst einmal gegen den Widerstand der Belegschaft durchboxen. Wenn die Tarifverträge stimmen würden, so wird noch heute in der Kantine der Zugspitzbahn geschimpft, dann könne man sich gerne auch um die Kunst bemühen. Hirt hält dagegen, das Projekt »kunst auf der zugspitze« dürfe man nicht nur unter dem Kostenaspekt betrachten. Es diene auch und vor allem der Werbung.

Kunst ist, was der Beobachter als solche erkennt. Und sei es eine Fotografie des Eibsees.

So ergänzen sich Kunst und Kommerz auf dem Zugspitzgipfel in geradezu idealer Weise. Die Zugspitzbahn wird zweimal im Jahr, anlässlich der Vernissagen, zum Thema in den Feuilletons. Gleichzeitig haben Künstler wie Nikolaus Lang die Möglichkeit, ihre Objekte einem Publikum vorzustellen, das sonst vielleicht nie den Fuß in ein Museum setzen würde. Um das Spiel mit »festgesetzten Bildern in den Köpfen der Menschen«, sagt Lang, sei es ihm dabei gegangen. Und auch darum, der überwältigenden Bergkulisse auf der anderen Seite der Verglasung etwas Ungewöhnliches entgegenzusetzen. Wer Jodel-Architektur und das Gebirgspanorama im Goldrahmen sucht, wird auf der Zugspitze nicht fündig werden. Das ist auch gut so, denn das Bild der Berge hat sich verändert, seit Edward Theodore Compton 1879 sein »Höllental« schuf und Ernst Platz 1899 den »Zugspitzgipfel mit dem Münchner Haus« malte, naturalistische Abbildungen, wie sie gegen Ende des 19. Jahrhunderts en vogue waren. Schön anzusehen sind sie auch heute noch. Dennoch kann es angesichts der fortdauernden Entlarvung alpiner Klischees – vom Edelweiß zum Gamsbock – und angesichts des medialen Spiels mit alpinen Mythen – der Senner in der Schokoladenwerbung – nicht mehr darum gehen, der Realität des Gebirges die im städtischen Eigenheim wunschgeträumte Idylle überzustülpen. Vielmehr geht es darum, die Welt im Kopf von überkommenen Alpenbildern zu befreien. Sie mit anderen Vorstellungen von Wirklichkeit zu konfrontieren. Auf der Zugspitze gibt es dazu genügend Anlass.

Der extreme Alltag – das alltägliche Extrem

Während die einen auf der Zugspitze arbeiten, wird sie für andere zur Bühne

Den drei Jungs aus Weilheim scheint es richtig warm zu sein. Ihre Lederjacken mit der Aufschrift »Kawasaki« haben sie bereits abgelegt, die Motorradhelme und die schwarzen Stiefel tragen sie in der Hand. Das Ehepaar aus Aschaffenburg dagegen scheint zu frieren. Mit mächtig professionellen Anoraks schützen sich Frau und Mann vor dem leichten Wind, der die Zugspitze umschmeichelt. Modisches Orange tragen sie, genau wie die Inderin, die sich gerade einen Kaffee am Gipfelkiosk bestellt. Allerdings hat sie nur einen leichten, kunstvoll gewickelten Sari an. Hinter ihr geduldet sich eine Holländerin in weißem Hosenrock mit blauen Blümchen. Dahinter ein Herr in schwarzem Jackett. Modische Vielfalt ist angesagt auf Deutschlands höchstem Berg.

Es ist ja auch nicht nötig, sich besonders funktionell zu kleiden für einen Besuch auf der Zugspitze. Wer nicht will, muss nicht einmal ins Freie treten, um die Aussicht bewundern zu können. Dafür kann er sich ausschließlich in der verschachtelten Gipfelarchitektur verlustieren. Drei Stockwerke gibt es da, auf denen ein Kiosk, ein Wickelraum, Toiletten, ein Videosaal, das Gipfelstüberl mit seinen »bayerischen Schmankerln«, ein 450 Quadratmeter großer Ausstellungsraum, ein Panoramabistro, eine Telefonzelle und ein Internet-Terminal untergebracht sind. Lediglich um zur Tiroler Zugspitzbahn, zum Münchner Haus oder auf die Aussichtsplattform zu gelangen, müssen die Gipfelstürmer an die frische Luft.

Allein sind sie dort nicht. An schönen Tagen machen 5000 Menschen den Gipfelbereich zur »großstädtischen« Fußgängerzone, in der man alles zum Überleben und darüber hinaus Notwendige findet, nur nicht die Ruhe, wegen der man vielleicht auch hinaufgefahren ist auf 2962 Meter. Am 28. Juli 1930, also drei Wochen nach Inbetriebnahme der Zahnradbahn, veröffentlichte die Zeitschrift *Simplicissimus* eine Zeichnung von Thomas Theodor Heine, die einige klohäuschenartige Hütten zeigt mit der Aufschrift »Schweigen der Berge, 10 Pf.« Die Bildunterschrift lautet: »Die Gipfelstation ist mit schallsicheren Kabinen ausgestattet, in denen man das Schweigen der Berge hören kann.«

Auf der Zugspitze und gleichzeitig allein zu sein, das war bereits vor 70 Jahren eine Illusion. Dagegen war Deutschlands Höhepunkt schon immer ein Schauplatz der Super-

Ansichtssache. Man muss nicht einmal ins Freie treten, um auf der Zugspitze gewesen zu sein.

Linke Seite: Ansichtskarten. Die Zugspitze wirkt verkaufsfördernd.

Selbst die Flora ist rekordverdächtig.
20 Blütenpflanzen-, 35 Moos- und 70 Flechtenarten erreichen an der Zugspitze ihr höchstes Vorkommen.

Zugspitz-Grüße. Auch die Daheimgebliebenen sollen wissen, dass man ganz oben gewesen ist.

lative. Ein Ort, an dem zahllose Rekorde erzielt wurden, die mit dem Attribut »der höchste« oder »die höchste« behaftet sind. Davon ist nicht einmal die Pflanzenwelt ausgenommen mit ihren 20 Blütenpflanzenarten, über 35 Moos- und 70 Flechtenarten, die am Zugspitzmassiv gedeihen. Schweizer Mannsschild (Androsace helvetica), Blattloser Steinbrech (Saxifraga aphylla), Moschussteinbrech (Saxifraga moschata) und Alpen-Gemskresse (Hutchinsia alpina), schreibt der Botaniker Georg Grabherr, sind »die Hochalpinisten unter den Blütenpflanzen. ... Sie erreichen an der Zugspitze ihr höchstes Vorkommen in den bayerischen Alpen.«

Am Kulminationspunkt Deutschlands wird das Extreme zum Alltäglichen. Auch wenn es traurig und bitter ist und mit dem Tod zu tun hat. Josef Rieger zum Beispiel, der zu Anfang des 20. Jahrhunderts als Träger für das Münchner Haus arbeitete, erhielt nach Ausbruch des Ersten Weltkriegs über das Telefon seinen Mobilmachungsbefehl. »I kimm glei«, soll er geantwortet haben. Ein Jahr später war er tot. Der englische Maler Edward Theodore Compton verfügte in seinem Testament, seine Asche solle im Zugspitzgebiet der Erde übergeben werden.

Vielleicht nicht der wichtigste, aber eben der höchste Streik in der Geschichte der Arbeiterbewegung spielte sich

vor dem Bau der Zahnradbahn an der Zugspitze ab. Damals gab es ja schon die Tiroler Zugspitzbahn und die Benutzer derselben konnten sich die letzten 160 Höhenmeter zum Gipfel von Bergführern begleiten lassen. Diese waren dafür etwa eine halbe Stunde unterwegs und verdienten 60 Mark pro Tag. Die Träger dagegen, die zu jener Zeit das Münchner Haus belieferten, erhielten nur 40 Mark – pro Woche. Kein Wunder, dass diese Ungerechtigkeit Anlass zu Tarifstreitigkeiten gab. Wie diese ausgingen, ist nicht bekannt, die Träger wurden sowieso bald allesamt entlassen.

Noch bevor es die ersten Bahnen auf die Zugspitze gab, wurde diese angeflogen. Am 19. März 1922 landete der 35-jährige Hauptmann Franz Hailer mit seiner 150-PS-Rumplermaschine auf dem Schneeferner. Zwei Stunden hatte er gebraucht, um vom Flugplatz Schleißheim bei München auf das Zugspitzplatt zu fliegen. Als er mit den Kufen seiner Maschine aufsetzte, gingen sowohl der Propeller als auch die Flügel zu Bruch. Wegen der Reparaturarbeiten und schlechten Wetters konnte er erst eine Woche nach seiner Landung zurückfliegen.

Nach dem Motorflieger kam der erste Segelflieger. Am 29. April 1927 startete das 31 Jahre alte Fliegerass Ernst Udet vom Schneeferner. Von 11.30 Uhr bis 11.55 Uhr war er unterwegs, bevor er hinter dem Hotel Drei Mohren in Lermoos landete. Einen weiteren Rekord stellte der Münchner Architekt Heldmann auf: Ihm gelang am 29. April 1931 der erste Ballonstart auf der Zugspitze. Unter dem Applaus zahlreicher Zuschauer stieg Heldmanns Ballon 500 Meter über das Zugspitzplatt, bevor ihn der Nordwind Richtung Zentralalpen blies. Zwei Stunden später landete Heldmann in den Stubaier Alpen.

Für die jüngste, allerdings erschütternde Flugsensation sorgte der 55-jährige Privatpilot Udo Berninghaus am 10. November 1996. Am späten Vormittag war er mit seiner einmotorigen Piper-28 vom Flugplatz Zweibrücken in Rheinland-Pfalz gestartet. In der Luft teilte er seinem Fluglehrer, der ihn mit einem anderen Flugzeug begleitete, per Funk mit, zur Zugspitze und dort gegen die Felsen fliegen

Gipfelzone, Flaniermeile,
Rummelplatz.
Besucher und Besuchte.

Mittel zum Zweck. Auf der Zugspitze wird auch eine Lamaexpedition zum Ereignis.

zu wollen. Der Lehrer alarmierte die Polizei. Zwei Hubschrauber stiegen auf; deren Besatzungen versuchten, Berninghaus von seinem Vorhaben abzubringen. Ohne Erfolg. Um 13.39 Uhr zerschellte der Selbstmörder an der Wetterkante auf der Südseite des Zugspitzmassivs.

Zurück zur Chronologie der Kuriositäten. Nach der Eröffnung des Hotels Schneefernerhaus am 20. Januar 1931 kamen ganz schlaue Werbefachleute auf die Idee, einige Rentiere und Polarhunde zur Unterhaltung der Touristen auf das Zugspitzplatt zu transportieren. Was den Vierbeinern wegen der Höhe nicht allzu gut bekam, weshalb sie nach kurzer Zeit in den Münchner Tierpark Hellabrunn verfrachtet wurden, sofern sie überlebt hatten. Im selben Winter wurde die höchste Poststelle Deutschlands im Schneefernerhaus eröffnet. Der jetzige Postbeamte Andreas Oberauer residiert im Gletscherbahnhof auf dem Zugspitzplatt, wo er an schönen Tagen tausend und mehr Ansichtskarten abstempelt. Der Vater des 35-Jährigen war ebenfalls »Postler« auf der Zugspitze, 25 Jahre lang.

Einen besonderen Besucher sah die Zugspitze am 15. Juli 1932. An diesem schönen Sommertag ging der arbeitslose Kellner Fritz Siegel barfuß auf den Gipfel. Nach monatelanger Wanderschaft war Siegel ziemlich pleite im Loisachtal angekommen und seine Schuhe hatten bereits das Zeitliche gesegnet – auf Deutschlands höchsten Berg wollte der Pfälzer dennoch. Einen würdigen Nachfolger fand Siegel übrigens in dem Rentner und passionierten Bergsteiger Johann Sanktjohanser aus Garmisch-Partenkirchen. Der 67-Jährige war bereits über hundertmal barfuß auf der Zugspitze.

Es ist anzunehmen, dass Sanktjohanser trotz seiner zahlreichen Begehungen immer noch so etwas wie Gipfelglück empfindet, wenn er auf dem Ostgipfel ankommt. Was dagegen John Smith aus Southampton am 9. August 1957 auf der Zugspitze suchte, ist nicht bekannt. Mit drei Angelruten und einem Köcher ausgerüstet, ging der 33-Jährige auf dem Platt spazieren.

Nicht auf, sondern zwischen den Gipfeln bewegten sich drei Artisten am 20. September 1949. Zwei 150 Meter lange Drahtseile hatten sie zwischen Ost- und Westgipfel gespannt. Diese waren zwar teilweise vereist, was die tollkühnen Männer allerdings nicht daran hinderte, einige Male hin und her zu spazieren. Alfred und Henry Traber taten ihnen das am 28. Juli 1953 gleich, allerdings nicht zu Fuß, sondern mit einem Motorrad. Vater Alfred auf der Maschine, Sohn Henry im Trapez darunter hängend. Nach ihrer ersten Fahrt drehten sie sich zusammen um das Seil und schafften einen dreifachen Salto. Das Fahrzeug der Trabers war jedoch nicht das erste Motorrad auf der Zugspitze.

Bereits am 1. Juli 1951 waren der Journalist Helmut Lorbeer und der Fotograf Max Beckert auf die Zugspitze gefahren. Vier Stunden holperten sie neben den Gleisen der Zahnradbahn zum Gipfel. Ein weiterer artistischer Akt fand dann im Juni 1980 statt. Der amerikanische Stuntman Steve McPeak versuchte, vom Eibsee auf den Gipfel zu laufen – auf dem Drahtseil der Eibsee-Seilbahn, das eine Steigung von bis zu 46 Grad hat. Bei seinem fünften Versuch passierte McPeak die zweite Stütze, kam noch 400 Meter weiter und musste bei einer Steigung von 33 Grad aufgeben. Dass besondere Fähigkeiten vererbbar sind, bewies die Familie Traber am 10. Oktober 1999, als die Brüder Falco und Johann ein zwischen den Gipfeln gespanntes Drahtseil auf einem Fahrrad unter die Räder nahmen.

Andreas Oberauer trägt auf dem Gipfel die Post aus.

Das Jahr 1971 sah zwar keinen sportlichen Rekord, dafür verwirklichte der damalige Vorstand der Bayerischen Zugspitzbahn AG, Bernhard Schmidt, seine künstlerischen Ambitionen. Er kam auf die Idee, den Gipfel zu illuminieren. Im Fenster IV auf etwa 2400 Meter Höhe ließ Schmidt fünf 2000-Watt-Scheinwerfer installieren, die der Zugführer des letzten talwärts fahrenden Zuges einschalten sollte. Das Gipfelmassiv wurde so in »tiefrot bis stahlblaues Licht getaucht. Was für ein Naturschauspiel!« Allerdings nur für einige Wochen, dann musste Schmidt sein Kunstlicht wieder abbauen. Wenigstens sei es eine gute Werbung gewesen, merkte er dazu lakonisch an.

Einen regelrechten Werbefeldzug starteten 160 Mitglieder der Jungen Union am 21. September 1980. Ihr vordergründiges Ziel war die Besteigung der Zugspitze über das Reintal und die Knorrhütte. Hintergründig ging es ihnen darum, den damaligen Kanzlerkandidaten der CSU, Franz Josef Strauß, »an die Spitze« zu bringen. Bevor dieser allerdings so richtig zum Höhenflug ansetzen konnte, wurde er am 5. Oktober 1980 ausgebremst: Bundeskanzler blieb Helmut Schmidt.

Auch eine Schweizer Uhrenfirma hatte sich einen besonderen Werbegag ausgedacht. Das Unternehmen wollte die Zugspitze am 27. Juni 1986 vorübergehend zum 3000er machen – mit einem Aluminiumgerüst und 1500 Quadratmetern granitfarbener Kunststoffbahn sollte ein 38 Meter hoher, künstlicher Gipfel gebaut werden. Das Gestell wurde

Auch das gibt es auf der Gipfelterrasse. Zwei Bergsteiger machen Brotzeit.

mit einem Hubschrauber auf den Gipfel geflogen und hielt sich dort etwa eine Minute lang, bevor es der Wind zerstörte. Vielleicht angesichts dieses Tamtams und um Raum für etwas Besinnlichkeit auf dem Gipfel des Kommerzes zu schaffen, stiftete der Münchner Fritz Kittsteiner die Kapelle »Maria Heimsuchung«. Am 11. Oktober 1981 wurde dieser Ruhepol, das höchste Gotteshaus Deutschlands, auf dem Zugspitzplatt seiner Bestimmung übergeben.

Wann die erste Radtour auf die Zugspitze stattfand, lässt sich nicht genau eruieren. Sicher ist allerdings, dass Hansjörg Barth, der Hüttenwirt des Münchner Hauses, und einige Freunde am 23. und 24. Juni 1989 vom Gipfel abfuhren – auf alten Damenrädern. Mountainbikes waren halt noch nicht in Mode, obwohl der Partenkirchener Chester Fabricius bereits im Sommer 1986 zusammen mit drei Kollegen, darunter eine Frau, durch das Höllental auf die Zugspitze gefahren war. Beziehungsweise sein Mountainbike geschoben und getragen hatte.

Schwierigkeiten ganz anderer Art muss dagegen Rainer Künzel bewältigen. Der 35-Jährige ist Wirtschaftsdirektor der Bayerischen Zugspitzbahn Bergbahn AG und als solcher für 50 Mitarbeiter und für die Gastronomie auf der

Apfelstrudel in großen Mengen. 50 Angestellte kümmern sich um das leibliche Wohl der Zugspitz-Besucher.

Zugspitze verantwortlich, die im Jahr etwa sechs Millionen Mark Umsatz macht. Sein Büro hat Künzel im Selbstbedienungsrestaurant »SonnAlpin« auf dem Zugspitzplatt, das am 8. Dezember 1989 eingeweiht wurde. 350 Sitzplätze bietet diese Lokalität und noch einmal 800 auf der Sonnenterrasse. Auch Konferenzen und Tagungen werden hier abgehalten, manchmal sogar zwei pro Tag, in vollklimatisierten Räumen mit Schalldämmung, Videoanlage, Faxanschlüssen und flexiblen Wänden. Gipfelkonferenzen im wahrsten Sinne des Wortes, deren Ambiente die Bayerische Zugspitzbahn mit dem schönen Satz umschreibt: »Losgelöst von den Niederungen des Alltags wird der Blick weiter.« (Im Übrigen können sich auch Heiratswillige in »SonnAlpin« das Jawort geben. 120 Paare taten dies im Jahr 1999, bevor sie vom Gipfel der Gefühle abstiegen.)

Um pro Tag bis zu 5000 Menschen auf der Zugspitze mit Essen und Trinken zu versorgen, bedarf es einer ausgeklügelten Logistik. So fahren die Güterwagen, die »SonnAlpin«, das Gipfelstüberl und die Kioske mit Nachschub versorgen, zweimal pro Woche um sieben Uhr früh auf die Zugspitze. Dreimal pro Woche kommt mit der Eibsee-Seilbahn die Frischware. Nicht immer ist es einfach, die Mengen abzuschätzen, die tatsächlich gebraucht werden. Schlägt das Wetter Kapriolen, kann es sein, dass plötzlich zu viel oder zu wenig an Nahrungsmitteln da ist. Viel »spontane Planung« würde das erfordern, sagt Künzel. Nur gut, dass die Lebensmittel in den schneegekühlten Vorratskammern auf dem Gletscher einige Zeit haltbar bleiben. Auch das Bier muss hier gelagert werden. Würde man die Fässer gleich nach dem Transport in die Höhe anzapfen, hätten die Gäste nichts als Schaum im Glas.

Bevor 1996 eine Wasser- und Abwasserleitung gebaut wurde, musste das Trinkwasser per Zahnradbahn auf den Berg geschafft werden. Bei Kilometer 11,9 stand ein Wassertank, an dem ein spezieller Wasserwagen gefüllt wurde. Heute fließt das kostbare Nass über eine Hochdruckleitung direkt ins »SonnAlpin«. Auf den Gipfel muss es allerdings immer noch per Gletscherbahn transportiert werden, wozu an den Gondeln große Behälter angebracht sind. Etwa 8000 Kubikmeter Trink- und Brauchwasser werden Jahr für Jahr auf der Zugspitze benötigt. Dass das Wasser nicht sinnlos verschwendet wird, bewies die Bayerische Zugspitzbahn AG 1996. Damals beschlossen die Verantwortli-

chen, gemeinsam mit dem Alpenforschungsinstitut (AFI) in Garmisch eine Ökobilanz nach der Öko-Audit-Verordnung der Europäischen Union zu erstellen. Die entsprechende Zertifizierung erhielt das Unternehmen im Mai 1997, als erstes Bergbahnunternehmen in Europa.

Vorreiter war die Zugspitzbahn übrigens auch, was die Präsenz in den neuen Medien betrifft. So ist die Zugspitze einer der wenigen Berge mit eigener Homepage (www.zugspitze.de) im Internet, wo sie unter »Top of Germany« auftritt. Ganz traditionell ging es dagegen am 1. Mai 2000 zu, als ein 20 Meter hoher Maibaum auf dem Zugspitzplatt aufgestellt wurde. Zuvor war dieser »der Gaudi halber«, so die *Frankfurter Allgemeine Zeitung*, über den Ammersee geschippert und mit einem Hubschrauber auf die Zugspitze transportiert worden. Jetzt ist die weißblau bemalte Fichte »der höchste Maibaum der Welt«.

Den Weg ins Tal machte dagegen ein Felsbrocken aus dem Zugspitzmassiv, der zwischen 10. und 16. Juli 2000 im Rahmen der Bayerischen Woche auf der Expo in Hannover ausgestellt wurde. Er wird seinen Teil dazu beigetragen haben, die mageren Besucherzahlen der Weltausstellung zu erhöhen. Stärker noch könnte die Zugspitze das Gemeinwohl fördern, würde der »Privatisierungsplan zur Rettung der Republik« verwirklicht, den das Wirtschaftsmagazin *Forbes* veröffentlichte. Um die Schulden der öffentlichen Hand zu mindern, könne der Bund zum Beispiel das Brandenburger Tor, Sylt und die Deutsche Bundesbank versilbern. Den Wert der Zugspitze schätzten die Redakteure auf 1,5 Milliarden Mark. Vielleicht nicht zu Unrecht, bei all den Rekorden.

Der höchstgelegene Maibaum der Welt steht auf dem Zugspitzplatt. Noch höher, am Gipfel, hängt die alte Gondel. (oben).

Spitzen-forschung

Die Wissenschaft hat sich auf der Zugspitze einquartiert

Wie eine Festung thront das Schneefernerhaus im Schutt, der die Südflanke des Zugspitzgipfels bedeckt. Kleine quadratische Fenster in der grauen Fassade erinnern an Schießscharten, in den Fels geschlagene Gänge an geheime Fluchtwege. Im Winter, wenn der Schnee hier fünf Meter hoch oder höher liegt, versinkt der größte Teil des achtstöckigen Gebäudekomplexes für Monate im Weiß. Nur die Dachterrassen reichen dann noch bis ans Licht und der runde Turm reckt sich selbst im schneereichen April in die würzige Bergluft – das ist das Wichtigste für das knappe Dutzend Wissenschaftler, die diese ehemalige Bastion des Bergtourismus erobert haben.

Ungetrübtes Sonnenlicht und reine Luft machten die Zugspitze zu einem Mekka der Klima- und Atmosphärenforscher. Einst streckten im Hotel Schneefernerhaus Gipfelstürmer ihre müden Glieder aus und genossen das Alpenpanorama. Jetzt durchforsten in den umgebauten Gästezimmern ein knappes Dutzend Wetterexperten, Luftchemiker und Umweltschutzbeamte jede Brise nach den Spuren von schädlichen Treibhausgasen. Sie richten ihre Spährohre ins Firmament, saugen Staubteilchen und Aerosole in ihre Messgeräte, bestimmen Luftdruck, Windgeschwindigkeit, Temperatur und radioaktiven Niederschlag, jagen Lichtblitze in den nächtlichen Himmel, mit deren Hilfe sie den Chemikalien-Cocktail der etwa 500 Kilometer dicken Erdatmosphäre analysieren können.

300 Meter über dem trutzigen Bau, an der Bergstation der Zugspitz-Seilbahn, treibt das Fraunhofer-Institut für Atmosphärische Umweltforschung (IFU) das Studium der Luftchemie buchstäblich auf die Spitze. Während draußen die Besucher auf der Sonnenterasse ihre Gesichter dem warmen Sonnenlicht entgegenstrecken, analysieren hoch empfindliche Sensoren auf dem Dach und im Inneren des aluminiumgrauen Containers die einfallende Strahlung. Sie schicken ihre Messdaten im selben Augenblick per ISDN-Leitung ins Tal nach Garmisch, wo Computer des Instituts sie zu Ozondichten, Stickoxidwerten und Strahlungsintensitäten verrechnen.

Deutschlands höchster Gipfel eignet sich besonders gut als Standort für die Teleskope und Spürnasen der Wissenschaftler. Wer einen Blick vom Gipfel nach Norden wirft, sieht den Grund mit bloßem Auge: Grauer Dunst, der wie ein trüber See im Tal liegt und oben wie mit dem Lineal gezogen endet. Das IFU-Observatorium in 2962 Meter Höhe, ebenso wie das tiefer gelegene Scheefernerhaus, befinden sich an den meisten Tagen des Jah-

Gipfel der Technik. Die Richtfunkstation der Deutschen Telekom und der hölzerne Turm der Wetterwarte.

Linke Seite: Ein Mitarbeiter des Fraunhofer-Instituts für Atmosphärische Umweltforschung wechselt einen Aerosolfilter aus.

Im Schneefernerhaus. Einst Hotel, heute Umweltforschungsstation.

res oberhalb dieser vernebelnden Schicht. Hier ist die Luft nahezu frei von Staub und den Abgasen der Autos und Heizungen, die sich besonders an verkehrsreichen Tagen oder bei klirrendem Frost rings um die Siedlungen ausbreiten. Auch der natürliche Gehalt an Wasserdampf im Tal würde das hoch empfindliche Instrumentarium bei der Arbeit stören, die chemische Zusammensetzung der Atmosphäre – und deren allmähliche Veränderung – über Jahrzehnte zu beobachten. Praktisch ist die Lage ohnehin. Mit Gondel oder Zahnradbahn sind die Forscher schnell zur Stelle, wenn Wartungsarbeiten oder Umbauten nötig sind.

Seit die Zahnradbahn am Restaurant SonnAlpin auf dem Zugspitzplatt endet, dämmert der alte, in den Fels gehauene Bahnsteig im Keller des Schneefernerhauses im trüben Lampenlicht vor sich hin. Bis auf gelegentliche Rangierfahrten der Zugspitzbahn oder Materialtransporte ist es still geworden am einstigen Knotenpunkt der Bergtouristen. Heute erreichen die Mitarbeiter des Umweltbundesamts (UBA), des Deutschen Wetterdienstes (DWD), des IFU und Gastforscher, die sich für einzelne Projekte in den Labors einmieten, ihre Arbeitsstätte über eine eigene Kabinenseilbahn, ein paar Schritte vom SonnAlpin entfernt.

Im Inneren des Gebäudes empfangen sie frische Farbe, neue Teppichböden und dezentes Licht. Bei der Planung des Vorzeigeobjekts in Sachen Klimaschutz setzten die Architekten auf modernste Haustechnik. Die Abluft der Räume zieht über bergwärts installierte Rohre ab, Abwässer fließen über eine Kanalisation ins Tal, eine Klimaanlage temperiert die mit technischem Gerät vollgestopften Labors. Ein hundert Quadratmeter großes Stück der

Südfassade sammelt über Solarkollektoren 40 Prozent der benötigten Heizenergie. Klimaschutz ist für Klimaforscher Ehrensache.

Dahinter stecken aber nicht nur ökologische Motive. Die Ausdünstungen des Bauwerks würden die Messfühler stören, deren silber glänzende Saugrüssel drei Meter hoch aus den Dachterrassen ragen. Sie sind so empfindlich, dass sich nicht mehrere Personen gleichzeitig in ihrer Nähe aufhalten dürfen. Das ausgeatmete Kohlendioxid würde die Messungen verfälschen. »Wir hatten einmal ein unerklärliches Signal«, erinnert sich der Diplom-Geograf Christian Probst, ein Mitarbeiter des Umweltbundesamts, während er mit einem Gewirr aus Schläuchen, Kabeln und Röhrchen seines Gaschromatografen hantiert. »Das war so stark, dass es sich nur um eine sehr nahe Quelle handeln konnte.«

Probst machte sich auf die Suche und fand den Grund für die Störung fünf Stockwerke tiefer: ein Glas mit Pinselreiniger, das Bauarbeiter versehentlich in einem geschlossenen Raum zurückgelassen hatten. Die Messapparatur ist auf den Nachweis geringster Spuren von flüchtigen Kohlenwasserstoffen in der Luft getrimmt. Zu dieser Gruppe von Chemikalien zählen das Sumpfgas Methan, das Propangas für den Kochherd, das Krebs erregende Benzol – und eben auch eine Reihe von Lösungsmitteln. Dem Sonnenlicht ausgesetzt bilden derlei Substanzen in Bodennähe giftiges Ozongas.

»Optimale Arbeitsbedingungen – von der umständlichen Anfahrt einmal abgesehen« findet Dr. Ludwig Ries, der Leiter der UBA-Truppe, in den höchstgelegenen Labors Deutschlands seit der offiziellen Inbetriebnahme 1998 vor. Dazu gehört auch ein imposantes Aggregat im untersten Stockwerk des Schneefernerhauses. Es entzieht der Bergluft Stickstoffgas, verdichtet und verflüssigt es bei etwa minus 190 Grad Celsius. Mit dem dampfenden Nass kühlen die Forscher ihre wärmeempfindlichen Messgeräte. 120 Liter verbraucht allein das UBA-Team jede Woche. »Das könnten wir mit der Gondel niemals heraufschaffen.«

Der Umbau des 1928 bis 1931 erbauten Hotels in ein Umweltforschungszentrum von internationalem Rang begann 1993. Vor allem der Bayerische Wirtschaftsminister Otto Wiesheu hatte sich für das Projekt Schneefernerhaus stark gemacht. Bis zum Ende der Arbeiten im Jahr 1997 investierte sein Ministerium rund 13 Millionen Mark in das – wie der Minister euphorisch formulierte – »in Europa und in der Welt einzigartige« Observatorium.

Aber schon in der Nacht zum 21. Oktober 1994 schien das engagierte Vorhaben zu scheitern. Nach Schweißarbeiten an einem Aufzug brach im obersten Stockwerk des Schneeferner-

Die Spährohre sind ins Firmament gerichtet.
Die Atmosphäre wird Forschungsobjekt.

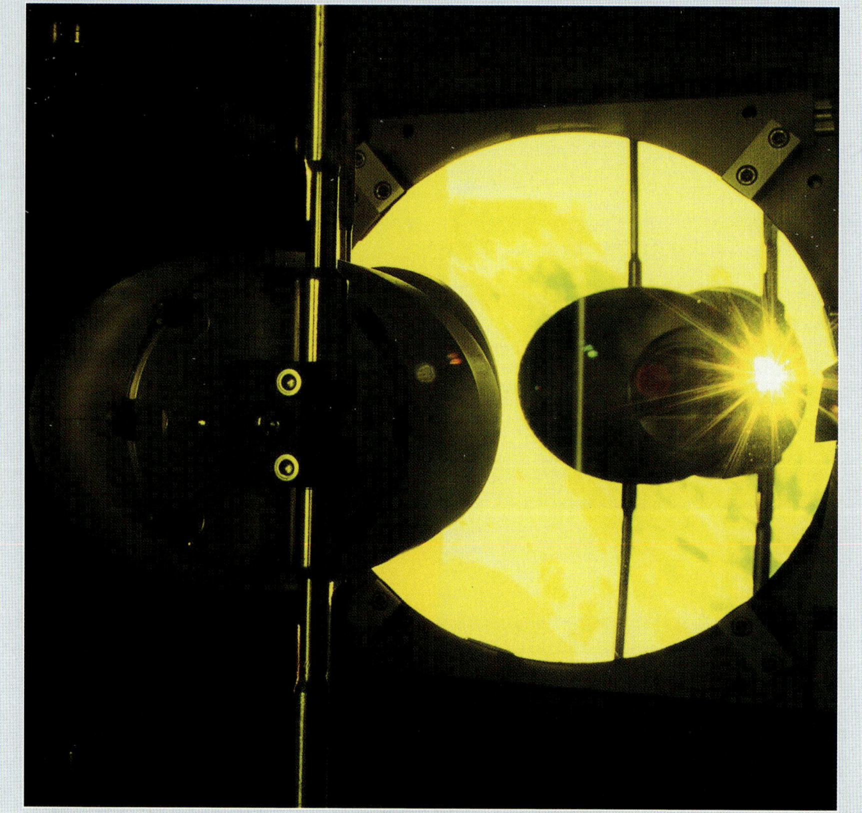

Lichtblicke werden in den Himmel gejagt. Mit ihrer Hilfe wird der Chemikalien-Cocktail in der Luft analysiert.

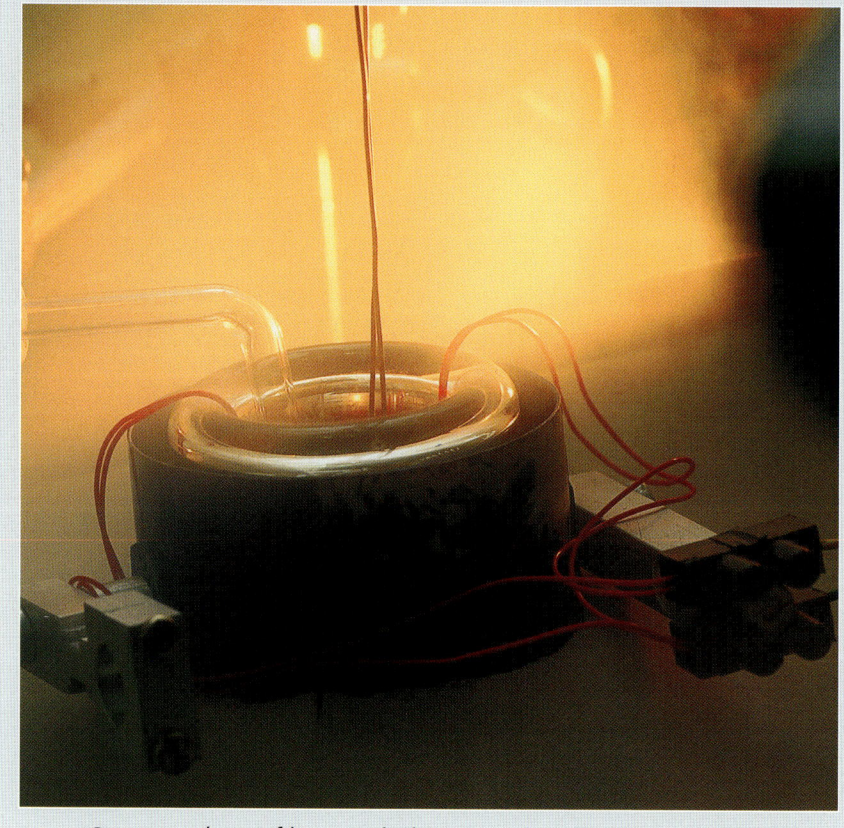

Gase werden gefiltert. So bekommen die Forscher Aufschluss über den Zustand der Erdatmosphäre.

hauses Feuer aus. Der Bauleiter, der die Nacht auf der alpinen Baustelle verbracht hatte, bemerkte den Brand kurz nach Mitternacht und rief die Feuerwehren von Garmisch, Partenkirchen und Grainau zu ihrem wohl dramatischsten Einsatz. Um 4 Uhr 30 war das Feuer unter Kontrolle. Geschätzter Sachschaden: eine Million Mark.

Der Unfall verzögerte den Einzug der Klimaforscher um insgesamt vier Jahre. Ernsthaft in Gefahr kam das Projekt später noch einmal Ende 1996, als ein Gutachten die Notwendigkeit der Forschungsstation insgesamt in Zweifel zog. Das Bonner Bundesforschungsministerium wollte daraufhin seine Zusage zurückziehen, sich mit 80 Prozent der laufenden Kosten am Betrieb des Umweltforschungszentrums zu beteiligen.

Zwei Jahre später, im Oktober 1998, waren die bürokratischen Hürden genommen, die Brandschäden beseitigt. Nach zähem Ringen kam die Zusage aus Bonn, den Betrieb des Schneefernerhauses zunächst bis zum Jahr 2003 finanziell zu sichern. Endlich konnten die ersten Dauermieter einziehen.

Die Eröffnung des Umweltforschungszentrums festigte den Ruf der Zugspitze als Plattform für Klimaforscher. Schon seit 1978 untersuchen Mitarbeiter des Garmischer Fraunhofer-Instituts von hier aus regelmäßig, ob die Chemie über ihren Köpfen stimmt. Die ersten Langzeitmessungen erfassten Ozon. Das Gas, das am Boden die Lungen reizt und Asthmaanfälle auslösen kann, schirmt in etwa 20 Kilometern Höhe gefährliche ultraviolette Strahlung aus dem All ab. Dieser schützende Filter ist ein Sorgenkind der Umweltschützer: Der Ozongehalt in der Atmosphäre sinkt auch in unseren Breiten allmählich – im Durchschnitt alle zehn Jahre um vier bis fünf Prozent. Auch über Mitteleuropa steigt dadurch das Hautkrebsrisiko und UV-Schäden an Nutzpflanzen nehmen zu, die den landwirtschaftlichen Ertrag in Zukunft mindern können.

Mit den Jahren baute das Fraunhofer-Institut, dessen Leiter Prof. Wolfgang Seiler bei seinem Dienstantritt den Schutz der Erdatmosphäre zum Forschungsschwerpunkt erkor, das Zugspitzlabor aus. 1995 ging das jüngste und mit rund einer Million Mark

Auch wenn scheinbar Ruhe herrscht, tut sich etwas.
Sensoren messen, Funkwellen breiten sich aus und im Tal werden die Ergebnis analysiert.

Entwicklungskosten auch teuerste Gerät des vollautomatisch betriebenen IFU-Labors in Betrieb: ein Fourier-Transform-Infrarotspektrometer (FTIR).

2200 Meter tiefer verfolgt Dr. Ralf Sussmann die Arbeit des Instruments auf dem Bildschirm. Von seinem Arbeitsplatz am Fraunhofer-Institut hat der Physiker jederzeit Blickkontakt zum Gipfel. Eine elektronische Kamera mit beheiztem Gehäuse liefert ihm sommers wie winters gestochen scharfe Bilder vom Instrumentenpark auf den Schreibtisch. Von seinem Büro aus schickt er Kommandos nach oben und holt sich elektronische Post vom Gipfel ab – per Mausklick.

Sussmann und seine Kollegen unterziehen die Luftschicht der Erde etwa einmal pro Woche einem Gesundheitscheck. Ozonloch, Treibhauseffekt – die großen Leiden des Weltklimas sind Folgen kleinster chemischer Veränderungen in der Atmosphäre, die sich vom Boden aus nur mit aufwändigen Apparaturen wie dem FTIR untersuchen lassen. Die Forscher aus dem Schneefernerhaus lesen das Sonnenlicht, das auf dem Zugspitzplatt die Nasen der Skifahrer und Snowboarder rötet, wie andere Menschen eine Zeitung. Die Geschichten, die sie darin entdecken, erinnern bisweilen an einen Krimi. Denn die würzige Bergluft, die in der Lunge kitzelt, und das strahlende Blau des Himmels täuschen darüber hinweg, was sich für das menschliche Auge unsichtbar dort oben zusammenbraut.

Zu einem ganz besonderen Cocktail mischten sich Wind, Wolken und Gase am 5. März 1996. An jenem Tag, der unter Atmosphärenforschern berühmt geworden ist, schienen die Instrumente des IFU verrückt zu spielen. In 20 Kilometer Höhe war offenbar der Gehalt an Ozongas für einige Stunden um etwa 30 Prozent gesunken. Durch das Leck stieg auch die Intensität der gesundheitsschädigenden ultravioletten Strahlung am Boden. So mancher Skiifahrer wird sich am Abend über einen Sonnenbrand gewundert haben, obwohl er mit Sonnenschutz und UV-Blocker ausgerüstet war.

Die Sensoren des IFU-Labors auf der Zugspitze registrierten auch zunächst unerklärbare Schwankungen in der Konzentration von anderen Gasen und Partikeln, die am Auf- und Abbau von Ozon beteiligt sind. Zusammen mit seinen Kollegen untersuchte Sussmann in den folgenden Wochen den mysteriösen Vorfall. Sie vermaßen Stratosphärenwolken und verfolgten die Wanderung polarer Luftpakete zurück bis in die Region ihrer Entstehung über dem Nordpol. Schließlich kamen sie einer kleinen meteorologischen Sensation auf die Spur: Über den Alpen hatte sich eine Lücke in der Ozonschicht aufgetan.

Ein 720 Meter langer Tunnel führt vom Schneefernerhaus ins Österreichische Schneekar

Gegen Ende jedes Winters schwindet in einem Wirbel über dem Nordpol der Ozongehalt in der Stratosphäre. Als sich dieses »Ozonloch« im März und April 1996 auflöste, driftete ein ozonarmes Luftpaket nach Süden – bis es schließlich über den Alpen auftauchte und von den Instrumenten auf der Zugspitze erfasst wurde.

Derart dramatische Veränderungen sind über den Alpen eher selten. Der Mensch verändert die Chemie der Atmosphäre in Zeitlupe. Kohlendioxid, das bei Verbrennungsvorgängen entsteht und den Treibhauseffekt verstärkt, oder die Fluor-Chlor-Kohlenwasserstoffe (FCKWs) aus Spraydosen und Kühlschränken, die das schützende Ozon zerstören, reichern sich über Jahrzehnte an. Die World Meteorological Organization, eine Institution der Vereinten Nationen, rief deshalb ein weltweites Messprogramm ins Leben, das den schleichenden Einfluss des Menschen auf die Luftchemie dokumentiert. Die Aufgabe der in diesem »Global Atmosphere Watch«-Programm (GAW) zusammengefassten Messstationen in aller Welt ist es, die Zusammensetzung der Atmosphäre ständig zu überwachen und aus diesen Daten ein Bild des globalen Klimawandels zu entwickeln.

Im Schneefernerhaus auf der Zugspitze betreiben das Umweltbundesamt und der Deutsche Wetterdienst gemeinsam eine von 22 so genannten GAW-Globalstationen. Diese besonders gut mit Messtechnik bestückten Zentren müssen höchsten Qualitätsstandards entsprechen – und absolut verlässlich arbeiten. Im Abstand von 30 Minuten bestimmen Apparaturen nach exakt denselben Verfahren auf der Zugspitze, auf den Samoainseln im Südpazifik, am Südpol und bald auch im Sahara-Gebirge bei Tamanrasset den Gehalt von Kohlenmonoxid, Methan oder Stickoxiden in der Luft. Auf diese Weise können die Klimaschutzpolizisten der UNO kontrollieren, ob internationale Abkommen zur Luftreinhaltung eingehalten werden oder ob die Atmosphäre weiterhin mit Gasen belastet wird, deren Verhalten in der Zukunft ungewiss ist.

Auch die Fraunhofer-Forscher speisen ihre Daten vom Zugspitzgipfel, aus dem Schneefernerhaus und von ihrer Messstation im Tal in ein weltweites Netzwerk ein, das sich gezielt den chemischen Veränderungen in der Stratosphäre widmet. Damit es auch die Sonnenanbeter auf der Aussichtsterrasse rechtzeitig erfahren, wenn im tiefblauen Himmel, zwischen 11 und 50 Kilometern über ihren rotwangigen Gesichtern, der chemische Schutzschild der Erde immer dünner wird.

Hans Haltmeier

DAS SCHNEEFERNERHAUS

Die Auskunft ist stereotyp: »Meine Güte, wenn das Haus erzählen könnte.« Richard Prommer sagt das, der jetzige Wirt der Höllentalangerhütte, der vier Jahre lang als Kellner und Restaurantchef im Hotel Schneefernerhaus arbeitete. Wolfgang Reindl sagt das auch, der als Mitarbeiter der Eibsee-Seilbahn früher oft dort oben übernachtete. Doch leider kann das Haus nicht sprechen, weshalb Neugierige die Gerüchte von wilden Partys, Saufgelagen und diversen anderen Betätigungen entweder glauben können – oder auch nicht.

Am 20. Juni 1931 wurde das Hotel Schneefernerhaus feierlich der Öffentlichkeit übergeben. In der Berliner BZ am Mittag hieß es dazu: »Das Publikum ist bereits recht international. Eine Familie aus Java, eine große englische Gesellschaft, ein französisches Pärchen. Sie sind nicht hundertprozentig verheiratet, und der Mann fragt dauernd: was sagst du dazu, chérie? Chérie ist restlos begeistert wie alle andern und läßt sich erklären, wieviel der Bau gekostet hat. 20 Millionen – sapristi! Der Friseur ist sehr stolz darauf, höchster Friseur Deutschlands zu sein. Er hat ununterbrochen zu tun, rasiert, onduliert und fettet die Gesichter zum Schutz gegen die Höhensonne ein.«

Schon bald jedoch war der erste Rummel vorbei auf dem Platt. Um die Touristen anzulocken, hatte man inzwischen Polarhunde und Rentiere auf dem Gletscher angesiedelt, wenngleich ohne langfristigen Erfolg. Vollmondfahrten zum Gipfel, Glühweinbowle im Münchner Haus, Skijöring hinter Rentieren, Modenschauen – das waren einige Attraktionen aus dem Osterprogramm 1931. Am Abend trug man dunklen Anzug, Smoking oder Frack.

Nicht mehr lange allerdings, dann zogen die Uniformen im Schneefernerhaus ein. Dies ist zumindest zu vermuten, denn am 18. Mai 1933 trug sich ein Vertreter des nationalsozialistischen Propagandaministeriums mit dem markigen Spruch ins Gästebuch ein: »Kameradschaft fordert der Berg, Kameradschaft der Völker fordert das Gewissen der Welt«. Der Rest ist Schweigen. Niemand scheint heute mehr zu wissen, zu welchem Zweck das Schneefernerhaus zwischen 1933 und 1945 genutzt wurde. Es gibt keinerlei Aufzeichnungen, auch in der Zugspitz-Literatur ist nichts zu finden. Aus dem Gästebuch, das sich im Besitz der Bayerischen Zugspitzbahn Bergbahn AG befindet, wurden nach dem Krieg die entsprechenden Seiten rausgerissen. Bekannt ist immerhin, wie die Machtergreifung Adolf Hitlers auf der Zugspitze ihren Ausdruck fand. Am 22. März 1933 hissten 24 SA-Männer eine Hakenkreuzfahne auf dem Turm der Wetterwarte, am 20. April stellten sich Scharen von SA- und SS-Männern in Form eines Hakenkreuzes auf dem Schneeferner auf. Tristesse glazial.

Der erste Eintrag ins Gästebuch nach dem Krieg stammt vom 1. Dezember 1946, von »Andre and his Budapest Orchestra«. Amerikanische Truppen hatten das Schneefernerhaus beschlagnahmt. 1952 ging es wieder in deutschen Besitz über. Am 13. Dezember 1952, schreibt ein Chronist, »war dann der große Tag: Das Schneefernerhaus, renoviert und poliert, öffnete seine Pforten ... Der Alltag kehrte ins Hotel ein. Industrielle aus Bangkok, spanische Verkehrsexperten, Bundespräsident Theodor Heuss, Oberbürgermeister Thomas Wimmer, der Münchner Erzbischof Josef Kardinal Wendel, Zarah Leander, eine Miß Carmen und viele andere trugen sich in das Gästebuch ein.«

Knapp vierzig Jahre später schließlich endete das muntere Treiben, das nur eimal unterbrochen worden war, durch eine verheerende Lawine. Die fegte am 15. Mai 1965 über die Sonnenterrasse und forderte zehn Tote und 21 Verletzte. Das Schneefernerhaus stellte am 14. Januar 1992 den gesamten Hotel- und Gastronomiebereib ein. Heute dient es als Umweltforschungsstation – ein (leider) stummer Zeuge seiner Zeit.

Synoptischer Dienst in arktischen Verhältnissen

Die Arbeit der Wetterbeobachter

Vielleicht verliert ein Wetterbeobachter, der tagaus tagein von der Zugspitze in die Ferne schaut, an manchen Tagen schier unglaubliche 265 Kilometer weit – vielleicht verliert so einer irgendwann den Blick für das Naheliegende. Und dann sagt er: »Um uns herum hat sich in den vergangenen 100 Jahren nichts verändert.« Das ist natürlich selektiv wahrgenommen, denn der Gipfel der Zugspitze ist ein anderer geworden. Es ist aber auch nachvollziehbar, denn Manfred Kristen, der seit 13 Jahren die Wetterstation Garmisch-Partenkirchen/Zugspitze leitet, betrachtet die Welt von einer höheren Warte aus.

Neun Meter misst der Turm, der den Wetterbeobachtern seit dem 19. Juli 1900 als Observatorium dient, und tatsächlich pfeift auf 2962,2 Meter Höhe, 47 Grad 25 Minuten nördlicher Breite und 10 Grad 59 Minuten östlicher Länge der Wind immer noch so durch das Gebälk wie vor 100 Jahren. Lediglich einmal wurden die herrschenden Verhältnisse dauerhaft gestört, nahm die Häufigkeit der Westwinde zu, die der Nordwinde ab. Das war 1938, als auf Weisung der deutschen Wehrmacht der Westgipfel der Zugspitze in die Luft gesprengt wurde. Platz wollte man damit schaffen für einen Flugsicherungsturm, der aber nie gebaut wurde. Und unterbrochen wurden die hundertjährigen Messreihen nur einmal: zwischen dem 5. Mai 1945, als amerikanische Truppen den Zugspitzgipfel erreichten, und dem 9. August 1945, als der Dienstbetrieb auf Betreiben des Meteorologen Joachim Kuettner und der damals in Mittenwald stationierten 21. Weather Squadron der Amerikaner wieder aufgenommen wurde.

Für die Wissenschaft der Meteorologie sind die lückenlosen Aufzeichnungen ein Glücksfall, denn da kein anderer Bau das Observatorium verschattet und damit die Wärmeverhältnisse verändert, können die heute gemessenen Wetterwerte mit den früheren problemlos verglichen werden. Insofern hat sich rund um die Wetterstation, deren Bau einst vom Deutschen und Österreichischen Alpenverein forciert worden war, die dann der »Königlich Bayerischen meteorologischen Centralstation in München« quasi geschenkt wurde und die seit dem 11. 11. 1952 eine Dienststelle des Deutschen Wetterdienstes (DWD) ist, wahrlich nichts verändert.

Der Turm, in dem die Wetterfachleute schalten und walten, ist auch derselbe geblieben. Diese vier auf vier Meter messende Fachwerkkonstruktion an der Westseite des Münchner Hauses, die der Kommerzialrat Adolph Wenz mit 16 Ankerseilen so stabil im Boden verankern ließ, dass sie am 12. Juni 1985 sogar einer 335

Noch machen die Menschen das Wetter nicht, noch beobachten sie es. Dazu braucht es erfahrene Fachleute wie Manfred Kristen.

Linke Seite: Aus diesem Geheimcode wird ein Wetterbericht.

Stundenkilometer schnellen Windböe standhielt. Wenz war es im Übrigen auch, der dem hölzernen Turm sein Äußeres gab, indem er ihn mit einer gefalzten Bretterverschalung und einem Teerpappenüberzug, auf der verzinktes Eisenblech angebracht wurde, isolierte. So geschickt immerhin, dass die Wetterbeobachter auch die tiefste je auf der Zugspitze gemessene Temperatur aushielten – das waren minus 35,6 °C im Februar 1940.

Die höchste gemessene Temperatur klingt da weit weniger spektakulär. Im Juli 1957 hatte es auf dem Turm der Wetterwarte 17,9 °C. Was allerdings ganz schön heiß ist, wenn man bedenkt, dass man auf dem gleichen Meridian bis Spitzbergen wandern müsste, um eine auf Meeresniveau liegende Örtlichkeit von derselben durchschnittlichen Jahrestemperatur zu finden – von minus 4,8 °Celsius nämlich. An 310 Tagen im Jahr herrscht auf der Zugspitze Frost. Und eine letzte Zahl sei angeführt, um zu verdeutlichen, wie stark der Eckpfeiler des Wettersteingebirges den Unbilden des Wetters ausgesetzt ist: 830 Zentimeter Schnee wurden im April 1944 dort oben gemessen.

Daher ist wohl nicht übertrieben, was in der Festschrift zur »Fünfzigjahrfeier des Observatoriums Zugspitze« steht: »Vor der Errichtung der Bergbahn 1926 trug die Tätigkeit der Zugspitzbeobachter ausgesprochen den Charakter einer Expeditionsarbeit.«

Auch wenn sich sonst fast alles verändert hat: Der Turm der Wetterwarte ist über 100 Jahre lang derselbe geblieben.

Kein anderer der bisher 82 Wetterbeobachter hat dieses einsame, Monate währende Leben auf dem Gipfel anschaulicher beschrieben als Josef Enzensperger, der erste Wetterwart auf der Zugspitze. Der freilich betrachtete seine Zeit zwischen der Eröffnung der »Königlich Bayerischen Meteorologischen Hochstation Zugspitze« und dem 31. Juli 1901 als »eines der schönsten Jahre meines Lebens«.

Sieben Monate verbrachte der 27-jährige Enzensperger vollkommen isoliert auf Deutschlands höchstem Punkt, allein mit dem »treuen Gefährten meiner Einsamkeit. Das ist Putzi, der Hund – für mich der Hund an sich.« Lediglich am Weihnachtsabend bekam er Besuch. Da hatte sich Johann Erhardt, der »Schweizer-Bartl« genannte Bergführer aus Partenkirchen, durch das meterhoch verschneite Reintal geplagt, um Enzensperger einen Christbaum zu bringen. Später schrieb dieser: »Wohl entbehre ich in meiner selbstgewählten Einsamkeit manche Freuden, die das Leben verschönern: Mir flicht keine Frau ›himmlische Rosen ins irdische Leben‹, … Theater und Konzerte und alle Freuden der Geselligkeit kenne ich längst nur mehr vom Hörensagen. Aber ich tausche dafür Genüsse ein, wie sie unter Millionen nur wenigen beschieden sind.«

Immerhin wurde Enzensperger dank der 21 Kilometer langen Telefonleitung vom Zugspitzgipfel ins Tal, die am 20. Oktober 1897 in Betrieb genommen worden war, »prompt von allem Wis-

An besonderen Tagen reicht der Blick von der Wetterwarte 265 Kilometer weit.

senswerten unterrichtet«. So erfuhr er auch von der geplanten Südpol-Expedition Erich von Drygalskis, für die er sich als Meteorologe bewarb. Am 11. August 1901 verließ Enzensperger auf dem Forschungsschiff »Gauß« den Kieler Hafen. Am 2. Februar 1903 starb er auf den Kerguelen-Inseln an Vitamin B-Mangel, der bereits auf der Zugspitze latent vorhanden gewesen war.

Heute ist es nicht nur die bronzene Gedenktafel an der Eingangstür, die die Erinnerung an Enzensperger in Deutschlands höchster Wetterwarte aufrechterhält. Behutsam und mit dem ganzen Stolz des Kenners, der einen »bibliophilen Wert« sein Eigen nennt, nimmt Manfred Kristen die 1904 erschienene Originalausgabe von Enzenspergers »Ein Bergsteigerleben« aus dem kleinen Bücherregal, das zwischen Fernsehgerät, Stereoanlage und Klappbett hängt. Wer darin freilich »eine spannende Erzählung erwartet, ..., der lege diese Zeilen ruhig ungelesen fort; denn er wird kaum auf seine Rechnung kommen: im Zeitalter des Telephons, der Funktelegraphie und der rationellen Konserven unterscheidet sich die Lebensführung auch in Zugspitzhöhe weder geistig noch materiell allzusehr von der in den Gefilden der bayerischen Residenzstadt.«

Grundsätzlich, sagt Kristen, gelte das auch heute. Die elf Zugspitz-Wetterbeobachter – seit dem 1. Juni 1964 übrigens keine Meteorologen mehr, sondern an der Wetterdienstschule speziell geschulte Fachleute – seien allerdings schon »über das

Das Internet ist für die Wetterbeobachte das »meteorologische Fenster zur Welt«.

normale dienstliche Maß hinaus gefordert«. Tatsächlich müssen sie innerhalb ihres 24-Stunden-Dienstes 22 stündliche Wettermeldungen abgeben, weshalb dieser so genannte synoptische Dienst nicht mehr als einen Stundenschlaf zulässt. Die Computer des DWD wollen regelmäßig mit den Daten gefüttert werden, die ein Mosaiksteinchen des amtlichen Wetterberichts bilden. So heißt es auch für Kristen, zu jeder vollen Stunde das Klappbett im zweiten Sock zu verlassen und zwischen rollbarem Heizkörper und Kochplatte die enge Wendeltreppe hinaufzusteigen, die auf die Beobachtungsplattform des Observatoriums führt.

Der 53-Jährige muss dann den Grad der Bedeckung feststellen und die Art der Bewölkung. Er muss den Zug der Wolken beobachten, die Sichtweite, die Windstärke, die Temperatur- und Luftdruckwerte, den Wetterzustand. Dazu muss er alle sechs Stunden den Inhalt der beiden Behälter für Niederschlagsmessung interpretieren und alle zwölf Stunden die Temperatur-Extremwerte, den Erdbodenzustand und die Schneehöhe durchgeben. Einmal am Tag wird der Sonnenscheinautograph abgelesen, der die tägliche Sonnenscheindauer misst.

Dass die empfindlichen Messgeräte, die auf der Zugspitze der Kraft der Elemente ausgesetzt sind, sorgfältiger Pflege und regelmäßiger Wartung bedürfen, dass sie gereinigt, justiert und kalibriert werden müssen, ist für Kristen und seine Kollegen Belastung und Glück zugleich. Denn letztlich kann nur ein Mensch diese Aufgaben zuverlässig bewältigen, weshalb das Observatorium Zugspitze auch in Zukunft vor der Automatisierung bewahrt werden wird. Schließlich kann auch nur ein aufmerksamer Beobachter die Kapriolen wahrnehmen, die das Wetter ab und an schlägt. An den 60 Tagen im Jahr etwa, an denen Föhn herrscht. Oder wenn rotgetrübter Schnee fällt, vom verfrachteten Sand der Sahara gefärbt.

Um die Messwerte der meteorologischen Stationen zwischen Oslo und Kapstadt, zwischen San Francisco und Wladiwostok interpretierbar zu machen, werden die zu übermittelnden Daten nach einem internationalen Code verschlüsselt. So leitet Kristen zum Beispiel am 16. Juni 2000, um 11 Uhr UTC (Universal Time Coordinated),folgende Zahlenreihe an den zentralen Computer in Offenbach weiter: 10961 41/90 93607 11015 21015 37154 47136 52008 74944. Ein paar Minuten später steht der Mann mit dem Vollbart, den ergrauten schwarzen Haaren und dem eckigen Brillengestell lässig an sein Stehpult gelehnt, übersetzt die Zahlenkolonne für den Normalbürger und spricht »Das Zugspitzwetter, ausgegeben von der Wetterstation Zugspitze« auf Band: »Gipfel in Wolken, Nebel mit 40 m Sicht und Raueisansatz, Temperatur minus 12 Grad, relative Luftfeuchte 100 Prozent, Nordwind mit 25 km/h gleich Windstärke 4, Schneehöhe am Platt 280 cm«. Es folgen die »Aussichten bis morgen Abend« und die »weiteren Aussichten«.

Anders als in früheren Jahren umfasst die Arbeit in der Wetterwarte heute weit mehr als das Sammeln und Bewerten verschiedener Daten. »Wetterbeobachtung klingt banaler, als es ist«, sagt Kristen. Zwischen den Messungen müssen die Wettermänner nämlich Informationen für das Fraunhofer-Institut für Atmosphärische Umweltforschung in Garmisch-Partenkirchen sammeln. Außerdem müssen die Geräte betreut werden, die die Universität Erlangen und das Bayerische Landesamt für Umweltschutz zu Forschungszwecken auf der Zugspitze installiert haben. Seit Juli 1998 ist die Wetterstation Zugspitze außerdem Bestandteil des Programms »Global Atmosphere Watch« (GAW) der World Meteorological Organization (WMO), der die Auswertung, Koordination und Standardisierung der weltweit erhobenen Klimadaten obliegt. Um diese Aufgabe zu erfüllen, wurde auf der

Dachplattform der Gipfelstation ein Spektrometer zur Schichtdickenmessung installiert, das die Luftverunreinigung in der Höhe kontrolliert.

Bereits seit dem Herbst 1994 sind sowohl die Messstelle in Garmisch-Partenkirchen als auch das traditionsreiche Observatorium auf der Zugspitze in das »Integrierte Mess- und Informationssystem zur Überwachung der Umweltradioaktivität« (IMIS) des Deutschen Wetterdienstes eingebunden. Wenngleich bisher auch keine Besorgnis erregenden Werte festgestellt wurden, so konnte man dank der Messstelle im Tal doch eine interessante Beobachtung machen. In den Wintermonaten werden stets leicht erhöhte Cäsium-137-Werte gemessen. Das rührt daher, dass in der kalten Jahreszeit vermehrt Holz in den Garmisch-Partenkirchenern Kachelöfen verbrannt wird. Dieses aber ist bis heute durch radioaktiven Niederschlag von Kernwaffentests und des Reaktorunglücks in Tschernobyl vom 26. April 1986 mit Cäsium 137 kontaminiert.

Arbeit über das dienstlich Geforderte hinaus. Wetterbeobachtung im Januar.

Auf die Frage, ob der winterliche Kachelofenbrand im Loisachtal gesundheitsgefährdend sei, antwortet Kristen mit einem Schulterzucken: »Da müsste man schon sein ganzes Leben lang Asche essen.« Der Wetterbeobachter sollte dies wissen, denn schließlich ist er Herr über das Messinstrumentarium auf der Zugspitze und in der Umweltforschungsstation Schneefernerhaus. Wo einst nur Wetterzeichen registriert wurden, wird heute auch beobachtet, was weder zu sehen noch zu riechen noch zu schmecken ist. Dank feinster Instrumente, sagt Kristen, »entgeht uns kein radioaktiver Furz«. Die sensibilisierte Öffentlichkeit verdankt dies einer nuklidspezifisch messenden Gammaschritt-Filteranlage auf der Zugspitze, die mit 20 000 Kubikmetern Luft pro Woche besaugt wird und alle zwei Stunden die Aktivität künstlicher, an Aerosole gebundener Radionuklide misst.

Bisher wurde lediglich einmal, in der 23. Kalenderwoche 1998, auf der Zugspitze mit 0,000022 Becquerel pro Kubikmeter ein Cäsium-137-Wert gemessen, der deutlich über dem Normalmaß lag. Schnell hatte man festgestellt, dass die Ursache dafür eine radioaktive Wolke war, die sich vom Süden Spaniens über Europa ausbreitete. In einem Stahlwerk in Algeciras bei Cadiz war eine Kapsel Cäsium 137 zusammen mit Schrottteilen in einem Hochofen eingeschmolzen und radioaktive Strahlung freigesetzt worden.

Nun hatte ja bereits Josef Enzensperger festgestellt, dass »der Beobachter auf der Zugspitze eine Vielseitigkeit besitzen muss, die zu dem modernen Prinzip der Arbeitsteilung in diametralem Gegensatz steht. Im Nebenberuf ist er Koch, Stubenmädchen, Waschfrau, Schlosser, Schmied, Zimmermann, Telefonarbeiter, Telegrafist, Elektrotechniker, Mechaniker, Uhrmacher, Schiläufer, Schneeschaufler, Kaminkehrer, Holzhacker und Gott weiß, was noch alles.« Den Wetterbeobachtern von heute bleiben zumindest die gröbsten handwerklichen Arbeiten erspart und zum Skifahren haben sie sowieso keine Zeit.

Dafür müssen sie weit mehr können, als aufziehende Gewitter frühzeitig zu spüren, einen baldigen Sturm zu schmecken oder Schneefall zu riechen – was neben der Kenntnis entsprechender Instrumente eine lebenslange Auseinandersetzung mit der Natur voraussetzt. Sie müssen auch den Lawinenwarndienst unterstützen, Öffentlichkeitsarbeit in Form von Führungen und Pressebetreuung leisten sowie radioaktive Spürhunde sein. Möglich wird dies nicht zuletzt durch die Errungenschaften der modernen Kommunikation, die längst auf der Zugspitze Einzug genützt werden. So sei das Internet, sagt Kristen, für die Wetterbeobachter auf Deutschlands höchster Warte »das meteorologische Fenster zur Welt«. Der Blick auf das Wirken der virtuellen Wissenschaftsgemeinschaft freilich verstärkt nur das Gefühl, die Messstation Zugspitze bilde einen zentralen Knoten in einem weltweiten Datennetz – einen entlegenen zwar, aber dafür umso höheren.

Eine Hütte im Ausnahmezustand

Das Leben im Münchner Haus

Im Augenblick sollte man ihn besser nicht ansprechen. Seit halb sechs Uhr früh ist Manfred Meixner auf den Beinen und versucht, die Terrasse von zwei Meter Neuschnee zu befreien. Jetzt ist es neun, die Eibsee-Seilbahn bringt die ersten Gäste nach oben, die Plattform zwischen Gipfelstation und Münchner Haus bevölkert sich. Es ist der erste schöne Tag nach einer Woche Schlechtwetter, ein Feiertag noch dazu, und jeder giert nach einem Plätzchen in der Sonne. Kaum hat »Manni« eine der 25 Biertischgarnituren aufgestellt, sitzen schon die Gäste. Förmlich aus der Hand reißen sie ihm die Tische und Bänke. Eine Dame mittleren Alters fragt, ob es auf der Zugspitze immer so viel Schnee habe, das sei ja so fantastisch. Manni, sonst die Ruhe in Person, schüttelt den Kopf, verzweifelt, dann bläfft er: »So eine blöde Frage hab ich ja noch nie gehört!«

Seit neun Jahren arbeitet der 52-jährige Sportlehrer, der aus dem Erzgebirge stammt, auf der Zugspitze. Im Winter hatte er Hansjörg Barth kennen gelernt, den Hüttenwirt des Münchner Hauses. Beide sind während der kalten Jahreszeit, wenn die Unterkunft auf Deutschlands höchstem Berg geschlossen ist, in derselben Skischule angestellt. Weil sich Manni und Hansjörg gut verstanden und sich immer noch verstehen, macht im Münchner Haus »jetzt jeder alles, sonst würden wir den Betrieb gar nicht in den Griff bekommen«. Tatsächlich herrscht im »Münchner Haus, Garmisch-Partenkirchen 1, 82475 Zugspitze« zwischen Mai und Oktober der Ausnahmezustand. Denn auf der Zugspitze ist eine Alpenvereinshütte nicht nur Unterkunft, sondern auch Biergarten für täglich bis zu 5000 Besucher.

Sozusagen der Grundstein für Deutschlands höchste Hütte wurde bereits 1883 gelegt. Damals errichtete die Sektion München knapp unterhalb des Westgipfels ein verschließbares Holzhüttchen, das zwölf Personen Platz bot und mit einem Tisch, zwei Bänken, sechs wollenen Decken und einem Touristenbuch ausgestattet war. Doch wie es nun einmal so ist: Wenn man etwas hat, dann will man mehr. Vor allem, da inzwischen drei Wege auf die Zugspitze führten. Schon bald kamen Pläne für den Bau einer richtigen Schutzhütte in Umlauf. Eine Gruppe Übereifriger gründete einen »Fonds als Grundstock für ein Münchner Haus auf der Zugspitze« und sammelte

Der Schein trügt.
Das Leben im Münchner Haus
ist alles andere als romantisch.

Linke Seite: Die gute Seele des
Münchner Hauses – Manfred Meixner.

Ein letzter Rest Privatsphäre. Hansjörg Barth (links) und Manfred Meixner (3. von links) mit Gästen am Esstisch.

5422,23 Mark Startkapital »in Geld, und in bestimmten Zusagen 180 Mark«. Am 28. März 1894 schließlich, während der Feierlichkeiten zum 25-jährigen Bestehen des Deutschen Alpenvereins und der Sektion München, wurde das Vorhaben offiziell.

Einig war man sich allerdings nicht. Auf der eigens einberufenen Generalversammlung der Sektion München am 11. Dezember 1895 stimmten 337 Mitglieder für, 146 gegen das Bauprojekt. Letztere forderten unter anderem, »man soll die stumpfsinnige Masse nicht auf den Gipfel locken«. Außerdem waren sie der Meinung, auf fast 3000 Meter Höhe brauche es keine Gastwirtschaft, »in welcher man mit dem Masskrug in der Hand den Sonnenuntergang betrachten wolle. Wer nicht ohne Wirtshaus auf die Spitze käme, solle untenbleiben.« Es war vor allem die Jugend, die gegen die hüttentechnische Erschließung der Zugspitze kämpfte. Der Konflikt endete damit, dass 63 Mitglieder der Sektion München den Rücken kehrten und am 27. Dezember 1895 die Sektion Bayerland gründeten.*

Die Sektion München hatte damit freie Bahn zur »Krönung ihrer umfangreichen Arbeiten im Wetterstein«. Kommerzialrat Adolph Wenz, der auch die Wetterwarte errichtete, tüftelte die Baupläne für das Münchner Haus aus und nachdem das Königliche Bezirksamt Garmisch am 21. April 1896 die Genehmigung erteilt hatte, wurde ein 200 Quadratmeter großer Bauplatz unterhalb des Westgipfels freigesprengt. Nun begann der mühevolle Teil der Arbeit. 50 Zentner Baumaterial lagerten in Garmisch, noch einmal 100 Zentner am Reintalanger, 300 in der Knorrhütte und 25 in einer Materialhütte am Zugspitzplatt. Jeder Balken, jede Schraube, jeder Nagel musste die 30 Kilometer lange Strecke durch das Reintal erst in Einspännern gefahren, dann von Mulis getragen und schließlich auf den Gipfel gehievt werden.

Zwei Sommer lang zogen sich die Bauarbeiten hin, die schließlich 36 615 Mark kosteten, womit der Kostenvoranschlag um 735 Mark unterboten wurde. Nebenbei hatte man auch noch eine 21 Kilometer lange Telefonleitung ins

Hüttenwirt in dritter Generation: Hansjörg Barth.

* Die Sektion Bayerland entwickelte sich schnell zur Gruppierung extremer und äußerst aktiver Alpinisten. Nebenbei bemerkt: Die unterschiedlichen Auffassungen über die Ziele, Zwecke und Mittel des Deutschen Alpenvereins haben sich bis heute nicht verändert und sind Gegenstand einer permanenten Diskussion sowohl unter den Sektionen als auch zwischen Hauptverein und Sektionen.

Tal verlegt und einen 5,5 Kilometer langen Blitzableiter entlang der Höllentalwand und der Riffelköpfe bis zum Hammersbach. Am 19. September 1897 war es dann so weit: Mit Böllerschüssen wurde das Münchner Haus feierlich eingeweiht, der Garmischer Dekan zelebrierte eine Bergmesse, ein Quartett sang »O Sanctissima« und die Schriftstellerin »Fräulein Mayer-Bergwald erfreute die Festversammlung durch ein telephonisch übermitteltes, reizendes Gedicht«.

Freilich waren immer noch nicht alle so richtig begeistert. So schrieb zum Beispiel der Zeitgenosse Eugen Guido Lammer, der auch schon als »Philosoph des Alpinismus'« bezeichnet wurde: »Welch gefühllose Narren sind doch die Leute, die nun dies letzte Asyl der freien Natur gewaltsam zerstören mit ihren Bergbahnen, ihren Hotelschutzhäusern, Gipfelbauten, Gipfelkreuzen, Höhenwegen, Drahtseilen, Wegweisern, mit all dem blöden Komfort und eklen Betrieb, und die Natur dort oben ebenso widerlich und banal machen wie drunten! ... Die übelste Barbarei sind die ganz hochgebauten oder gar die Gipfelhäuser; denn diesen kann niemand ausweichen, und sie zertrümmern die Bergweihestunden gründlicher als tiefer gelegene Hütten. Ist es nicht ein ganz schmachvolles Symbol, daß der höchste Punkt Deutschlands zum Wirtshaus gemacht wurde?«

Nun, im ersten vollen Betriebsjahr des Münchner Hauses zählte Hüttenwirt Martin Bierpriegl schon 1800 Besucher. 1908, also zehn Jahre später, waren es bereits 4100. Zwischen 1911 und 1914 musste das Münchner Haus erweitert werden, wobei es sein heutiges Aussehen bekam. Nach dem Ersten Weltkrieg stiegen die Besucherzahlen dramatisch. 1923 trugen sich, vielleicht auch aufgrund des in München stattfindenden Deutschen Turnfestes, 28 900 Gäste ins Hüttenbuch ein.

Heute transportiert allein die Bayerische Zugspitzbahn Bergbahn AG Jahr für Jahr eine halbe Million Menschen auf die Zugspitze. Ein Großteil davon stattet auch dem Münchner Haus einen Besuch ab, das pro Jahr etwa 2000 Übernachtungen verzeichnet. In den 23 Lagern dürfen allerdings nur Bergsteiger die Nacht verbringen. Trotzdem

Deutschlands höchster Biergarten.
Das Dach der Richtfunkstation dient als Sonnenterrasse.

reicht diese Kapazität nicht aus, weshalb Hüttenwirt Hansjörg Barth die Alpinisten auch in der Gaststube schlafen lässt, auf und unter den Tischen, nebeneinander liegend wie die Ölsardinen. Schließlich ist das Münchner Haus ein begehrter Stützpunkt, vor allem für die Begehung des Jubiläumsgrates, der hinüberführt zur Alpspitze.

An diesem Feiertag ist bergsteigerisch gesehen allerdings nicht viel los. Einige Interessierte hatten Hansjörg am Vorabend angerufen und sich nach den Verhältnissen im Höllental erkundigt. Auf seinen Job als alpiner Auskunftgeber könnte Hansjörg allerdings getrost verzichten. Vor allem die alten und angeblich erfahrenen Bergsteiger machten sowieso, was sie wollen: »Ich rate ihnen ab und die antworten: Sie können uns doch nichts verbieten. Was willst du da machen?« So bleibt Hansjörg nichts anderes übrig, als zehn- bis fünfzehnmal pro Jahr Rettungsarbeit zu leisten.

Wobei es schon vorkommt, dass er einen kleinen Jungen bergen muss, dessen Vater ihm Plastiktüten über die Schuhe gezogen hat, damit diese nicht nass werden. Worauf der Kleine prompt abstürzt. Oder er hilft einem 30-Jährigen, der seine Frau aus der Höllentalwand retten will und sich dabei selbst verletzt. Einmal, erzählt er, sei bei Einbruch der Dunkelheit ein Bergsteiger am Gipfel angekommen und habe nicht gewusst, in welche Richtung er absteigen solle. Ganz schwach habe er die Hilferufe gehört. »Da bin ich mitten in der Nacht raus und habe ihn runtergelotst.« Auf der Hütte angekommen, wollte der erleichterte Alpinist seinem Retter ein Bier ausgeben. 5 Mark 60 kostet die Halbe im Münchner Haus. Die Antwort des Undankbaren: »Ich dachte eigentlich an ein kleines Bier.«

In Sachen Bergrettung ergeht es Hansjörg nicht viel anders als seinen Vorgängern, die gleichzeitig seine Vorfahren sind. 1925, nachdem die Witwe des ersten Hüttenwirts Bierpriegl verstorben war, übernahm Großvater Anselm Barth der Ältere das Münchner Haus. Ein blonder Hüne mit Rauschebart war das, der immer wieder verirrte Touristen aus der Höllentalwand oder dem »Stopselzieher«, der schwierigsten Passage des Anstiegs über die Wiener-Neustädter Hütte, herausholte. Abend für Abend trat der »Zugspitzvater« vor seine Hütte, um nach Hilferufen zu hören. Bis er in einer Dezembernacht des Jahres 1931 selbst auf seinem Rundgang verunglückte. Am folgenden Tag fand man seine Leiche in den Felsen oberhalb des Zugspitzplatts.

Seine Nachfolge trat Anselm Barth der Jüngere an. Gerade 19 Jahre war er alt, als er die Verantwortung für die Hütte und ihre Gäste übernehmen musste. Es gibt ein kleines, in grünes Leinen gebundenes Fotoalbum im Münchner Haus, in dem wunderschöne Schwarzweißaufnahmen des Leica-Sammlers Anselm gesammelt sind, alle akribisch beschriftet. Ein Bild zeigt das Platt und den Zugspitzgipfel, im Vordergrund Maria, Anselms Frau. »Auf dem Heimweg« steht darunter. Anselm Barth der Jüngere galt als der »Schutzengel über dem Höllental«: 356 Menschen rettete er aus Bergnot, wofür er mit der Rettungsmedaille des Alpenvereins, mit dem Ehrenkreuz des Deutschen Roten Kreuzes und mit der Bayerischen Rettungsmedaille ausgezeichnet wurde. Er starb am 19. Juni 1975 »aus Kummer über den Lawinentod eines Freundes«, sagt sein Sohn Hansjörg.

Der 52-jährige bewirtschaftet, nachdem sein Bruder Anselm Barth der Dritte einige Jahre Chef des Münchner Hauses war, seit 1982 zusammen mit seiner Frau Andrea die Alpenvereinshütte. Während die gelernte Hotelfachfrau jeden Abend zu den beiden Kindern Theresa, 8, und Toni, 14, hinunterfährt, bleibt Hansjörg die ganze Saison auf der Zugspitze. Auch wenn es, wie im Juli 2000, acht Tage schneit und kein Mensch seinen Fuß auf Deutschlands höchsten Berg setzt. Dann, sagt er, »sperr ich halt eine Woche zu«.

Vielleicht ist er darüber gar nicht allzu traurig, denn »an manchen Tagen rennen sie uns hier oben die Bude ein«. An solchen Tagen ist mit Hansjörg nicht gut Kirschen essen. Dann verbirgt die raue Schale dieses kräftigen Mannes, der einmal Bob- und Motorradrennfahrer war, seine Herzensgüte. Dann fällt die Gastfreundschaft, die auf dem Münchner Haus normalerweise herrscht, der Hektik zum Opfer. Was vielleicht kein Wunder ist, denn manche Bergsteiger scheinen ihre guten Manieren im Tal zurückzulassen. Sie beschweren sich über die Preise, nicht wissend, dass Hansjörg für jedes Kilo, das er mit der Eibsee-Seilbahn herauffahren lässt, 1 Mark 50 bezahlen muss. Sie führen Klage über mangelnde Waschgelegenheiten, obwohl Wasser kostbar ist auf dem Zugspitzgipfel. Sie spazieren in die Privaträume und in die Küche, als ob sie zu Hause wären. Sie halten die Hüttenruhe nicht ein, die um 22 Uhr beginnt. »Früher«, sagt Hansjörg, »war der Alpenvereinsausweis ein Bergsteigerausweis. Heute ist er ein Ausweis für Narrenfreiheit.«

»Münchner Haus, Garmisch-Partenkirchen 1, 82475 Zugspitze«.

Es gibt aber auch Abende wie diesen, da wird es verständlich, warum Hansjörg und Manni trotz allem ihre Liebe zur Zugspitze behalten haben. Warum sie gerne in der »kleinen Zugspitz-Familie« leben. Denn sobald die letzte Bahn zu Tal gefahren ist, kehrt schlagartig Ruhe ein auf Deutschlands höchstem Berg. Fast greifbar ist die Stille nach all dem Trubel. Das Lichtermeer im Tal erstreckt sich bis nach München. So einfach erscheint auf einmal das Leben auf dem Gipfel, das doch hart ist, Entbehrungen fordert und Improvisationsgabe. Zum Beispiel, wenn die Kaffeemaschine aussetzt und die Schlange vor dem Ausgabefenster immer länger wird.

Es ist acht Uhr abends, als Hansjörg eine Flasche Rotwein öffnet. In seiner braunen Kordhose, dem karierten Hemd und der blauen Schürze mit der gelben Aufschrift »Müncher Haus, Zugspitze, Hansjörg«, sitzt er auf der Eckbank. An der Wand hängen die fotografischen Porträts seiner Ahnen. An einem Holzbalken eine Pistole, denn neben „Hilfspostbeamter" ist Hansjörg auch offizieller „Hilfspolizist". Allerdings, sagt er, gebe es im ganzen Münchner Haus keine Munition. Gegessen wird nichts, trotz des langen Tages. Manni macht sich wie jeden Abend daran, den 57 Jahre alten Ofen aus gusseisernem Stahl zu polieren, der mitten in der Küche steht. Sein »Heiligtum«. Hansjörg blättert in einem Buch über den Gebirgsmaler Ernst Platz, dessen Werke er bewundert. Eine beschauliche Ruhe herrscht.

Es ist die Ruhe vor dem Sturm, denn in der alpinen Hauptsaison wird das Münchner Haus wieder aus allen Nähten platzen. Dann werden die Tage lang werden und die Nächte kurz. Und irgendwann im Verlauf des Sommers, wenn die verwöhnten Bergdohlen nur noch Wurst fressen und kein Brot mehr, werden sich Hansjörg und Manni auf die Arbeit in der Skischule freuen. Denn länger als ein halbes Jahr erträgt kein Mensch den Ausnahmezustand.

Aus der Ferne wirkt sie magisch. Die Zugspitze.

Aus der Nähe auch bedrohlich. Das Höllental.

Ski und Snowboard gut

Auf der Zugspitze dauert die Wintersaison von Oktober bis Juni

Relativ schnell ist der zaghafte Gesprächsversuch beendet. Was denn so ein Snowboard koste, wollten der nette alte Herr und seine Frau wissen. Ein schüchternes Lächeln ist die Antwort, ein süßes allerdings. Die beiden befragten Japanerinnen sprechen keine Silbe Deutsch, die Rentner kein Englisch. »Welcome auf der Zugspitze«, sagen sie noch, dann geben sie die private Völkerverständigung auf. Nicht ohne sich darüber zu freuen, dass die jungen Leute von so weit weg anreisen würden zu ihrem Berg. Zum Snowboarden. Im Juni.

Tatsächlich. Während die meisten Passagiere in der vollbesetzten Gondel der Eibsee-Seilbahn leicht bekleidet gen Gipfel schweben, um sich auf der Gipfelterrasse und dem Zugspitzplatt der wärmenden Sonne auszusetzen, haben sich einige Leute jüngeren Semesters in Skimontur geworfen. Sie wissen, dass die Wintersaison, zumindest für die Sparte Snowboard, lang ist in Deutschlands höchstem Skigebiet.

Bereits im Oktober beginnt das Vergnügen und reicht weit ins Jahr hinein. Seit zwei Jahren endet der Winter auf der Zugspitze mit dem »SommerCamp«, dem international besetzten »Chill out« der Garmisch-Partenkirchener Snowboardszene.

Zufrieden sitzt Oliver Deby im Führerhaus seiner Pistenraupe. »Es läuft echt gut. Inzwischen kommen die Leute selbst aus den USA und aus Russland auf die Zugspitze.« Der 24-Jährige ist einer der Organisatoren, die das jährliche »SommerCamp« auf die Beine stellen, und als solcher für die beiden Halfpipes und den Boardercross verantwortlich. »gap1328« nennt sich die Gruppe, die 1995 »im Vollrausch« gegründet wurde und seitdem den Rahmen für sportliche Höchstleistungen und wilde Partys stellt. Der Name kommt nicht von ungefähr: »gap« steht für Garmisch-Partenkirchen und 1328 war das Jahr, in dem der Augustiner-Bräu in München gegründet wurde. Nicht schwer zu erraten, was das Lieblingsgetränk der Snowboarder ist.

Die sorgen für Leben auf dem Zugspitzplatt. Harte, schnelle Beats dröhnen über den Gletscher. In blauen und roten Liegestühlen sonnen sich die einen, während andere 20-Meter-Sprünge über riesige Schanzen hinlegen. Einen Monat lang, von Mitte Mai bis Mitte Juni, ist das »SommerCamp« die Attraktion auf der Zugspitze. Viele coole Jungs

So sah es einmal aus auf dem Schneeferner. Allerdings musste man mühsam aufsteigen, um diesen Anblick zu genießen.

Linke Seite: Werbeplakat von 1953. Die erste Blütezeit des Wintertourismus begann.

(und einige coole Mädels) in weiten Hosen und T-Shirts mit Aufschriften wie »No brain, no headache« zeigen dann, was sie an Kunststücken draufhaben. Kaum zu glauben ist es angesichts dieser bunten, lauten und fröhlichen Veranstaltung, dass der Schneeferner irgendwann einmal recht einsam gewesen sein muss.

Und doch gibt es alte Schwarzweißfotos, die vereinzelte Skispuren in sonst unberührten Hängen zeigen. Die Bilder stammen aus einer Zeit, in der die Zugspitze noch nicht mit der Seilbahn erreichbar war. Bilder aus der Pionierzeit des Skifahrens, als man sich mühsam durch das Reintal hinauf quälen musste. Die meisten Skifahrer stiegen damals auf die Schulter des 2874 Meter hohen Schneefernerkopfs, fuhren hinunter auf das Platt, querten Richtung Gatterl und schwangen schließlich nach Ehrwald hinunter. Freilich könnte man bedauern, dass Erlebnisse solcherart auf der Zugspitze heute nicht mehr zu haben sind. Doch zurückdrehen lässt sich die Entwicklung, die das Platt zum höchsten Skigebiet Deutschlands gemacht hat, nicht mehr.

Nachdem die Tiroler Zugspitzbahn am 5. Juli 1926 in Betrieb gegangen war, tummelten sich an schönen Tagen zwischen 50 und 100 Skiläufer auf dem Zugspitzplatt.

Vor dem Bau der Zahnradbahn gelangten die Skifahrer durch einen 720 Meter langen Stollen von der Gipfelstation der Tiroler Zugspitzbahn auf das Platt. Heute ist der Gang nicht mehr begehbar.

Diese nutzten den 720 Meter langen Verbindungsstollen zwischen Bergstation und Zugspitzeck, um zu den weiten Hängen auf der sieben Quadratkilometer großen Hochebene zu gelangen. Freilich mussten auch sie immer wieder aufsteigen, nachdem sie abgefahren waren. Lifte gab es noch keine. Und nachdem am 8. Juli 1930 auch die Zahnradbahn auf die Zugspitze den Betrieb aufgenommen hatte, wurden am Schneeferner Skirennen und Skispringen abgehalten. Eher zum allgemeinen Vergnügen allerdings denn aus sportlichem Ehrgeiz.

Den ersten Skilift auf der Zugspitze bauten schließlich amerikanische Soldaten, die nach dem Zweiten Weltkrieg im Schneefernerhaus stationiert waren. Er muss nicht sonderlich solide gewesen sein, hielt er doch nur einen Winter lang. Richtig begann die skigebietstechnische Erschließung 1948, als der damalige Vorstand der Bayerischen Zugspitzbahn AG, Bernhard Schmidt, den Bau eines Schlepplifts veranlasste. 1956 und 1960 folgten die nächsten Beförderungseinrichtungen, 1967 ein Doppelschlepplift. Heute gibt es auf der Zugspitze insgesamt neun Schlepplifte und einen Sessellift, die 12000 Menschen pro Stunde befördern können. Womit ein Skigebiet erschlossen wurde, das von 2830 Meter Höhe bis auf 2000 Meter hinunterreicht und bis zu drei Kilometer lange Abfahrten ermöglicht.

Der 350 Meter lange Doppelsessellift »Neue Welt«, in Betrieb genommen am 17. April 1987, verfügt über die erste Talstation, die ins ewige Eis gebaut wurde. Dazu erdachten sich die Zugspitzbahn-Ingenieure zusammen mit einem Hochschulinstitut für Antarktisforschung ein spezielles Verankerungssystem. Dieses wurde sozusagen schwimmend im 30 Meter tiefen Eis des Schneeferners installiert und vermag die ständigen Gletscherbewegungen mittels eines dreidimensional verstellbaren Aufbaus auszugleichen. Der Doppelsessellift bringt die Skifahrer bis auf die Schulter des Schneefernerkopfes und damit auch an den Ausgangspunkt der berühmt-berüchtigten Skiabfahrt namens »Neue Welt« (siehe 12. Kapitel). Man kann aber auch über die Nordostseite abfahren und bleibt damit im Skigebiet, das heute, entgegen einem alten Bonmot, tatsächlich auch für Skifahrer einiges zu bieten hat – und nicht nur für Langläufer.

Allerdings ist es nicht so, dass die fortdauernde Erschließung der Zugspitze den Skifahrern nur Gutes bringen würde. So fiel dem Neubau der Tiroler Zugspitzbahn, der im Sommer 1991 beendet wurde, die »Stütze 4« zum Opfer. Unter Kennern und Könnern galt die Abfahrt, die am Ende einer steilen Treppe begann, als absoluter Leckerbissen. Vor allem im Frühjahr, wenn im Gamskar der Schnee auffirnte, gab es nichts Schöneres als die rasante Strecke von der Mittelstation der alten Seilbahntrasse hinunter nach Ehrwald. Heute ist von der »Stütze 4« nur noch das Betonfundament geblieben.

Die Kids, die in der Wintersaison tagtäglich die Waggons der Zahnradbahn samt ihren Snowboards, Telemarkski und Carvingski füllen, wird das nicht weiter stören. Viele von ihnen reisen mit dem Zug von München nach Garmisch, um dann auf das Zugspitzplatt zu rattern. Einige dösen auf den unbequemen Sitzen, schlafen ihren Rausch vom Vorabend aus, andere spielen Karten. »Wenn die Snowboarder in Gruppen auftreten«, sagt Alexander Wagner, Werkstattleiter der Bayerischen Zugspitzbahn Bergbahn AG und Lokführer, »gibt es ab und zu Probleme. Dann fangen sie zu randalieren an.« Mit den Massen, die das Sporthaus Scheck in den 80er-Jahren auf die Zugspitze karrte, sei es allerdings auch nicht besser gewesen. Der Zugführer, sagt Wagner, müsse halt auch ein Psychologe sein und sich die Rädelsführer rauspicken. Dann herrsche wieder Ruhe.

In den Doppeltriebwagen der neueren Generation finden bis zu 260 Menschen Platz. Dann allerdings wird es eng in den Zügen. Ski und Snowboards hängen sowieso außen am Zug, nur die Skistöcke und Rucksäcke, die sind im Weg. Schilder warnen: »Achtung! Abstand von der Heizung – Schmelzgefahr für Skischuhe«. Die 75 Minuten, die die Fahrt von Garmisch ins Skigebiet in Anspruch nimmt, können an solchen Tagen eine halbe Ewigkeit dauern. Aber auf der Bergstrecke mit 25 Prozent Steigung, vorbei an »Europas steilster Weiche«, die die Abzweigung zum Schneefernerhaus markiert, geht es halt nicht schneller als mit 20 Stundenkilometern.

Während der Fahrt wird auch ein verschließbares Eisentor passiert, das den Durchzug im Tunnel und damit die Vereisung der Gleise verhindern soll. Dennoch kontrollieren jeden Morgen zwei Streckengeher, die im Schneefernerhaus nächtigen, die Strecke. Manfred Rief und Johann Schöpf haben dazu eine ganz eigene Art der Fortbewegung entwickelt: Sie fahren auf Schneeschaufeln die Gleise

Snowboarden, Skifahren und Konferenzteilnehmer. Bis zu 800 Menschen jeglichen Alters sonnen sich auf der großen Terrasse des »SonnAlpin«.

Die weiten Hänge des Zugspitzplatts gelten als ideales Gelände für Neulinge auf dem Snowboard.

hinab. Ihre »Schlitten« haben sie mit Führungsrillen versehen, die in die Stahlschienen der Riggenbach'schen Zahnstange greifen. Als Sitz dient das Schaufelblatt, bremsen tun die beiden Rennrodler mit den Füßen. Die Strecke außerhalb des Tunnels wird ganz konventionell mit einer 320 PS starken Schneeschleuder geräumt. Auch diese ist allerdings ein Sondermodell: eine umgebaute Pistenraupe, deren Achsen von einer ausrangierten Stuttgarter Straßenbahn stammen.

Nach Ankunft im Gletscherbahnhof stehen die Skifahrer und Snowboarder mitten im Skigebiet. Sofern sie nicht an der »Schneebar« vor dem Restaurant »SonnAlpin« hängen bleiben, an der für manche bereits mittags das Après-Ski beginnt. Nicht allerdings für die Gäste, die aus Hamburg, Bremen, Hannover, Düsseldorf oder Berlin auf die Zugspitze kommen – für einen einzigen Skitag, den es auszunützen gilt. Und für den man eine erkleckliche Summe bezahlt hat. Nach dem Flug zum Münchner Flughafen reisen die mittel- und norddeutschen Tagesausflügler mit dem Bus zum Eibsee und können sich etwa um halb zehn in die Liftschlangen einreihen. Bis 17 Uhr dauert ihr Skitag, dann heißt es zurück zum Flughafen und um 21 Uhr zurückfliegen. Sage niemand, es gäbe keine modernen Abenteuer zu erleben auf der winterlichen Zugspitze.

Die Halfpipes dagegen gehören den Profis.

Ehrenamtlicher Einsatz für das Leben

Die Arbeit der Bergwacht

Dem jungen Mann geht es nicht gut. Erstens, sagt er, habe er nächste Woche 17. Geburtstag und seine ganze Familie sei verreist. Zweitens habe ihn vergangene Woche seine Freundin »gedumpt«, sprich sitzen gelassen. Und gestern, tja, gestern hat er sich in der Halfpipe auf dem Zugspitzplatt das Wadenbein gebrochen. Jetzt sitzt er missmutig und mit Gipsbein auf der Sonnenterrasse des Restaurants »SonnAlpin«, leert sein Bier in schnellen Zügen und schaut seinen Freunden beim Snowboarden zu. Dabei scheint auch noch die Sonne.

Was für den unglücklichen Sportler das Ende der Wintersaison bedeutet, erlebt Roland Christ fast alltäglich. Der 33-Jährige ist bereits die Hälfte seines Lebens Mitglied der Bergwacht. Dreimal pro Winter haben er und seine Kollegen von der Bereitschaft Penzberg auf der Zugspitze Dienst. Da gibt es schon Tage, an denen sie zehn- oder zwölfmal ausrücken müssen, um verletzte Skifahrer mit dem Akja zu bergen. Knöchel- und Knieverletzungen müssen sie versorgen, Knochenbrüche schienen. Bei den Snowboardern mit ihren irrwitzigen Sprüngen, die 20 Meter lang und abartig hoch sein können, sind es dagegen eher Schulterluxationen, Wirbelfrakturen und Rippenserienbrüche.

In sieben Abschnitte ist die 1920 gegründete Bergwacht, eine Organisation des Bayerischen Roten Kreuzes, unterteilt. Diese wiederum gliedern sich in einzelne Bereitschaften. Der Abschnitt Hochland zum Beispiel umfasst 29 Bereitschaften, darunter auch die in Garmisch-Partenkirchen und Grainau. Da die etwa 120 aktiven »Bergwachtler« aus diesen beiden Orten den unfallträchtigen Winter auf der Zugspitze nicht allein bewältigen könnten, machen auch Mitglieder anderer Bereitschaften im höchsten Skigebiet Deutschlands Dienst.

»Passieren tut eigentlich immer was«, sagt Christ, »egal wie das Wetter ist.« Besonders gefährlich wird die Situation an den Nachmittagen, wenn »die Tagesgäste aus Hamburg müde werden«. Oder der Alkohol ins Spiel kommt, der die Skifahrer im Zusammenspiel mit der »dünnen Luft« in der Höhe mächtig aus der Bahn werfen kann. Dennoch seien die Dienste auf der Zugspitze bei den ehrenamtlich arbeitenden Bergwachtmännern (Frauen gibt es bei der Bergwacht erst seit 1992 und noch recht wenige) beliebt, denn »da geht die Zeit wenigstens schnell rum«.

Für manche sind die Gefahren des Hochgebirges nicht offensichtlich genug. Sie müssen gewarnt werden.

Linke Seite: Alltag für Roland Christ: Die Erstversorgung eines verletzten Skifahrers.

Bergung.

Manchmal ist die Zeit allerdings mehr als knapp. Der 15. Mai 1965 zum Beispiel war ein herrlicher Frühlingstag. Im Laufe des Vormittags hatte der Föhn warme Luftmassen gegen die Zugspitze geschoben. Hunderte Skifahrer bevölkerten das Skigebiet, aalten sich in der Sonne, genossen die Aussicht. Niemand registrierte, dass binnen weniger Stunden die Schneedecke, die durch den enormen Neuschneezuwachs der vorangegangenen Tage kaum verfestigt war, völlig durchfeuchtete. Um 12.55 Uhr löste sich ein riesiges Schneebrett vom Gratverlauf oberhalb des Hotels Schneefernerhaus.

Die nassen Schneemassen schoben sich über die Lawinenverbauungen, zerdrückten das Dach des Schneefernerhauses, wälzten sich über die Sonnenterrasse. Sie rissen Menschen mit sich, zerfetzten das Geländer, Tische, Stühle, Sonnenschirme. 80 Meter noch floss die Lawine auf das ebene Zugspitzplatt, bevor sie zum Stillstand kam. Die Schneemassen türmten sich 15 Meter hoch. Zahllose Touristen und Skifahrer hatten sie unter sich begraben. Wie viele genau, das wusste niemand. Es begann der größte Rettungseinsatz in der Geschichte der Bergwacht.

Zwei Tage und zwei Nächte lang suchten bis zu 800 Menschen den Lawinenkegel ab. Sie fanden zehn Tote. 21 Menschen waren verletzt worden. Die Opfer waren kaum begraben, als die Schuldfrage gestellt wurde: Hätte die Katastrophe nicht vorhergesehen werden können, ja

Abtransport.

müssen? Welche Versäumnisse gab es? Schließlich wurde der damalige Vorstand der Bayerischen Zugspitzbahn AG, Bernhard Schmidt, der fahrlässigen Tötung angeklagt. Und nach langen Verhandlungen freigesprochen.

Müßig ist es, heute noch über dieses Urteil nachzudenken. Freilich wird es immer so sein, dass zugunsten eines vermeintlich erfolgreichen Profitstrebens Gefahren der Bergnatur ignoriert werden. Das »Es-wird-schon-gut-gehen«-Syndrom als Leitmotiv der Freizeitindustrie. Doch die Katastrophenlawinen der vergangenen Winter haben auch gezeigt, dass sich die Natur nicht gängeln lässt, dass Abläufe nicht vorhersagbar sind, dass Schutzvorkehrungen immer noch versagen können. Die vielleicht wichtigste Konsequenz des Lawinenunglücks auf der Zugspitze ist daher, dass in dessen Folge die Lawinenwarndienstzentrale gegründet wurde. Diese untersteht dem Bayerischen Wasserwirtschaftsamt und leistet mit dem täglichen Lawinenlagebericht sowohl Alpenbewohnern als auch Alpenbesuchern wichtige Hilfestellung.

Auf der Zugspitze wurden nach dem Lawinenunglück umfangreiche Schutzeinrichtungen angelegt. Zum Beispiel die Sprengbahnen, die über gefährdete Hänge führen und mit Hilfe derer Lawinen ausgelöst werden können, bevor sie Menschen gefährden. Etwa drei Tonnen Sprengstoff setzt die Bayerische Zugspitzbahn Bergbahn AG jeden Winter ein, um ihre Pisten sicher zu machen. Hilft auch das nicht mehr, wird das Skigebiet gesperrt. In der Saison 1999/2000 war das an 28 Tagen der Fall.

Nicht jedoch am 11. Januar 2000. An diesem Dienstag befanden sich etwa 600 Skifahrer auf dem Zugspitzplatt, als sich gegen 11.00 Uhr eine Lawine am Osthang des 2874 Meter hohen Schneefernerkopfs löste. 200 Meter breit war der Anriss des Schneebretts, das bis in den Pistenbereich floss. Zwar war der Sessellift »Neue Welt«, mit dem man zu dem betreffenden Hang gelangt, aufgrund mangelnder Nachfrage außer Betrieb. Dennoch konnte niemand ausschließen, dass Skifahrer verschüttet worden waren. 100 Bergwachtmänner suchten mit Hilfe von Lawinenhunden nach Opfern. Zum Glück war jedoch niemand im Bereich der Lawine gewesen.

Wie es zur Auslösung des Schneebretts kommen konnte, war zunächst nicht zu klären. Gegen 7.30 Uhr hatte der Lawinenwarndienst die Lawinengefahr im bayerischen Alpenraum als »gering« eingestuft. Seit Tagen hatte es nicht mehr geschneit. Die örtliche Lawinenkommission hatte den präparierten Hang freigegeben. Man stand vor einem Rätsel. Schließlich fand man die Ursache in einer so genannten Fernauslösung. Eine acht Tonnen schwere Pistenraupe, die etwa 150 Meter von der Lawinenzone entfernt war, hatte bei Präparierungsarbeiten eine etwa zehn Zentimeter dicke Schwachschicht unter einer 2,5 Meter dicken, verfestigten Schneedecke angegraben. Der Bruch dieser Schicht pflanzte sich bis in den Hang hinein fort und löste die Lawine aus.

Großeinsätze wie im Winter habe es im Sommer noch nicht gegeben, sagt Anton Grüner. Der 60-Jährige muss es wissen, schließlich ist er seit 40 Jahren bei der Bergwacht und einer von zwei hauptamtlichen Mitarbeitern der Geschäftsstelle Garmisch-Partenkirchen. Drei Telefone hat er vor sich stehen. Das rote dient der Verbindung zur Rettungsleitstelle Weilheim, mit der das Vorgehen bei Einsätzen koordiniert wird. Das grüne hat eine Geheimnummer, damit der Telefonverkehr nicht blockiert wird. Das weiße schließlich ist ein ganz normaler Apparat. Geht ein Notruf ein, kann Grüner mittels eines Alarmgebers die sechs Männer anpiepsen, die jeweils eine Woche lang in Bereitschaft sind.

Kommt es zum Einsatz, können sich die »Bergwachtler« an der Geschäftsstelle die Ausrüstung holen, die sie brauchen. Bis zur Decke ist die kleine Lagerhalle vollgestopft mit Klettergurten, Karabinern, Haken, Klemmkeilen und Helmen. 100 Meter lange Seile liegen in den Regalen. Eine Schweizer Winde, mit der man Rettungsleute bis zu 400 Meter weit in eine Wand abseilen kann. Ein Megafon, eine Vakuum-Matratze, in die Menschen mit Rückenverletzungen gebettet werden können. Schließlich ein »Baumbergegerät« für hängen gebliebene Gleitschirmflieger und ein Netz für die Viehbergung. Denn auch das gehört zur Arbeit der Bergwachtmänner: Transport mittels Hubschrauber, gelegentlich nötig bei verirrten Rindern, bei Krankheit oder auch, wenn Kadaver zu Tal gebracht werden müssen, um Seuchengefahr zu vermeiden.

Die Garmisch-Partenkirchener Bergwachtmänner sind an der Zugspitze für das Reintal und den Jubiläumsgrat verantwortlich. Die Retter aus Grainau kümmern sich um das Höllental und den Waxensteinkamm. Wobei, das betont Grüner, »im Ernstfall selbstverständlich kooperiert wird«. Zum Beispiel am 6. September 1998, als um 15.50 Uhr ein Notruf einging. Den ganzen Tag lang war das Wetter schlecht gewesen. Bewölkt, Graupel, Gewitter, Schneefall auf der Zugspitze. Eine neunköpfige Gruppe Bergwanderer aus dem Raum Stuttgart hatte dies nicht davon abgehalten, durch das Höllental in Richtung Gipfel zu gehen. Kurz unterhalb des Gipfels war es dann so weit: Ein 66 Jahre alter Mann brach vor Erschöpfung zusammen. Auch die vom Münchner Haus herbeigeeilten Bergwachtmänner konnten ihm nicht mehr helfen. Um 16.30 Uhr starb er an Unterkühlung.

Auch dieses Unglück zeige, sagt Grüner, dass die Hauptursache für Unfälle im Gebirge heute nicht mehr die mangelnde Ausrüstung, sondern Selbstüberschätzung sei. »Die Bergsteiger tragen eher zu viel als zu wenig mit sich rum.« Das hohe Gewicht gehe allerdings auf Kosten der Schnelligkeit und damit auf Kosten der Sicherheit. Die aber »kann man sich nicht kaufen«. Wie viele seiner Kollegen rechnet Grüner damit, dass der Einsatz von Handys diese Entwicklung noch verstärken wird. Das Telefonieren ist heute von fast jedem Punkt in den Alpen aus möglich. Im Notfall, so ein weit verbreiteter Gedanke, ruft man halt die Bergwacht an. Doch auch die kann nicht immer helfen, auch nicht im gut erschlossenen Zugspitzgebiet. Und Hubschrauber fliegen nicht, wenn die Sicht schlecht ist.

*Das Schild warnt nicht umsonst.
Der Jubiläumsgrat
ist lang und anstrengend.*

*Folgende Doppelseite:
Blick auf Jubiläumsgrat (links) und
Riffelkamm (rechts).
Eingeschneit das Höllental.*

Drei Wege führen nach oben

Durch das Höllental, das Reintal und über das Österreichische Schneekar auf die Zugspitze

Installateure in der Klamm – Das Höllental

Wo die Höllentalklamm am engsten ist, wo aalglatte Felswände den Einfall des Lichts abschirmen, hängt etwa 15 Meter über dem dröhnenden Hammersbach ein Mainzelmännchen. Bis dorthin reichten die Schneemassen, die im Frühsommer 1959 die Klamm füllten. Auf diesen Lawinenresten war Anni Aschauer gewandert und hatte mit dem Talisman, der an ihrem Rucksack baumelte, ihre Anwesenheit markiert. Nur 1999, nach einem niederschlagsreichen Winter, habe der Schnee noch weiter hinaufgereicht, erzählt Florian Dörfler. »Da konnten wir uns das Mainzelmännchen mal aus der Nähe anschauen.«

Mit gelben Gummistiefeln und in orangenem Regenmantel stapft der 33-Jährige an seinen schattigen Arbeitsplatz. Wie jedes Jahr im Mai saniert Dörfler zusammen mit seinem Partner Herbert Leidenberger im Auftrag der Alpenvereinssektion Garmisch-Partenkirchen den Weg durch die Höllentalklamm. Sie fegen das Geröll von den Steigen, sie brechen lose Steine aus den Wänden, sie fräsen sich mit der Motorsäge durch harten, von Schotter bedeckten Altschnee.

Das ohrenbetäubende Rauschen des Baches macht die Verständigung fast unmöglich. Während sich unten am Eibsee die Urlauber sonnen, kriecht Dörfler und Leidenberger die Kälte in die Knochen. »Eigentlich«, sagen sie, »sind wir Kanalarbeiter im Frischwasser.«

Damit die Bergwanderer trockenen Fußes die Höllentalklamm passieren können, müssen die beiden das Wasser, das vom Waxenstein nach unten rinnt, mit Hilfe eines neuen Rohres kanalisieren. Über eine wacklige Leiter klettern sie in brüchiges Gestein. Durch nasses, glitschiges Gras queren sie zu dem kleinen Bassin, in dem das Wasser gefangen wird. Gesichert mit Klettergurt und Seil macht sich Dörfler daran, das Rohr einzusetzen. Die Arbeit ist anstrengend – und gefährlich. »Das macht man nur«, sagt Dörfler, »wenn man einen besonderen Bezug hat zum Berg.«

Den hatte auch der Ingenieur Adolf Zoeppritz. Im September 1902 machte sich der Vorsitzende der Sektion Garmisch-Partenkirchen mit einigen Arbeitern daran, einen Weg durch die Höllentalklamm zu bauen. 2500 Kilogramm Sprengstoff, 14 000 Kilogramm Eisen, 2000 Meter Wasserrohr, 750 Meter Drahtseil und 140 Zentner Zement benötig-

Früher Aufbruch.
Zwei Wanderer im Höllental.

Linke Seite:
Nur dank des gefährlichen Einsatzes
von Florian Dörfler
und Herbert Leidenberger
bleibt die
Höllentalklamm passierbar.

Seit zwölf Jahren bewirtschaften Sieglinde und Richard Prommer die Höllentalangerhütte.

Der Höllentalferner. Im Spätsommer kann die Überquerung seiner Randkluft schwierig werden.

ten die Garmischer, um ihre Pionierleistung zu vollenden. Am 15. August 1905 wurde die 1026 Meter lange Klamm der Allgemeinheit zugänglich. Für die Sektion lohnt sich die Investition bis heute. Etwa 70 000 Menschen passieren jedes Jahr die Höllentaleingangshütte. Drei Mark kostet der Eintritt.

Wer die zwölf Stollen und die Eisenbrücke über den Hammersbach – die übrigens auch jedes Jahr von Dörfler & Co. auf- und abgebaut wird – hinter sich gelassen hat, steht vor einer Ruine. Eingestürzte Mauern, rostige Eisenträger, von Gras und Moos überwucherte Betonplatten erinnern daran, dass die Bergwerksgesellschaft Werdenfels 1916 an dieser Stelle ein Wasserkraftwerk errichtete. Was die Natur sich langsam zurückerobert, sind die Reste des Wasserschlosses und des Stauwehrs. Das Elektrizitätswerk am südlichen Eingang der Klamm versorgte das Bergwerk Höllental, dessen Stollen bis hinauf zu den Knappenhäusern führten, mit Strom.

Bereits 1827 war mit der Erschließung begonnen worden. Bleierze gewann man zunächst im höchstgelegenen Bergwerk Deutschlands, später auch Zinkspat; als zu Beginn des 20. Jahrhunderts die Stahl härtenden Eigenschaften des Edelmetalls Molybdän erkannt wurden, förderte man auch dieses. Weshalb das Königlich bayerische Kriegsministerium am 18. Januar 1916 folgendes Telegramm von der Kriegs-Rohstoff-Abteilung des Reichskriegsministeriums erhielt: »zur herstellung von schnellschnittstahl zur geschossbearbeitung wird in zukunft ein vielfaches der bisherigen

Die »Kanalarbeiter im Frischwasser« montieren die Brücke über den Hammersbach.

Seit 1905 führt ein Weg durch die Höllentalklamm.

produktion in molybdän benötigt, gelbbleierze hierfür nur von gewerkschaft werdenfels in partenkirchen erhältlich ...« Mit dem Molybdän aus dem Höllental stählte man fortan die Kugeln, die feindliche Soldaten töteten. 1918 schließlich wurde der Erzabbau eingestellt.

Dass die Technik- und Sozialgeschichte der Zugspitze damit noch lange nicht vorbei war, beweist ein großes weißes Schild an der Frontseite der Höllentalangerhütte. 1999, ist darauf zu lesen, hat der Deutsche Alpenverein das Unterkunftshaus mit einer vollbiologischen Kläranlage ausgestattet. Abgeschlossen sind die Modernisierungsarbeiten auf der 1893 erbauten Hütte damit nicht, denn schließlich, sagt Wirt Richard Prommer, »regnet es uns schon durch das Dach«. Der dienstälteste Hüttenwirt der Sektion München bewirtschaftet mit seiner Frau Sieglinde seit zwölf Jahren die Höllentalangerhütte. Wann in der Früh die ersten Sonnenstrahlen auf die Terrasse scheinen, weiß er trotzdem nicht. »Ich steh ja die ganze Zeit an der Theke.«

Mit weißer Schürze, ein Spültuch über die Schulter geworfen lehnt der 55-Jährige am Ausschank. Den ganzen Abend lang arbeitet er dort, nachdem er seine Gäste auf die 70 Lager verteilt hat. Die lange nicht ausreichen bei bis zu 150 Übernachtern. Immer wieder fragt einer, ob es wohl sinnvoll sei, den Anstieg durch das Höllental zu wagen. Es ist noch früh im Jahr und die Steiganlage vom Höllentalferner zum Gipfel liegt unter Neuschnee begraben. Prommer rät ab. Wer sich unsicher ist, sagt er, habe auf den 1600 Höhenmetern über die »Leiter«, das »Brett« und den »Grünen Buckel« sowieso nichts verloren. Und wer sich sicher ist, der würde ihn gar nicht erst fragen.

Der Hackbrettspieler und der Mexikaner – Das Reintal

Zwei Männer arbeiten und leben an diesem Weg. Eigenbrötlerisch könnte man sie nennen, doch das wäre zu böse. Eigen, individuell, nicht leicht zu knacken und etwas kauzig, das trifft es schon eher. Jedenfalls sind beide ihren ganz speziellen Weg durch das Leben gegangen und es ist

Auf einer Seitenmoräne des Höllentalferners.

Charlie Wehrles Reich – Die Reintalangerhütte und der Reintal-Lido. Geschmückt mit Tischgarnituren und Gebetsfahnen.

schon ein seltsamer Zufall, dass diese beiden Charaktere quasi Nachbarn sind. Lediglich durch 686 Höhenmeter und zwei Stunden Gehzeit getrennt.

Wer durch die Partnachklamm und das endlos lange Reintal wandert, vorbei an der Bockhütte und der glitzernden Blauen Gumpe, gelangt nach etwa vier Stunden zur Reintalangerhütte. Saftig-grüne Wiesen schmeicheln dem Auge. In scharfem Kontrast stehen sie zu den grauen Felsabstürzen des Hochwanner. Buddhistische Gebetsfahnen flattern über der Partnach. Zart, durchsichtig fast lässt sie die tief stehende Sonne erscheinen. Gelbe, blaue und rote Sonnenschirme säumen das Ufer. Das ist der Reintal-Lido. Das Reich von Charly Wehrle.

Seit 1985 residiert der kleine, kräftig gebaute Mann auf der holzschindelgedeckten Hütte mit ihren grünen Fensterläden und den mit Geranien geschmückten Balkonen. Mit dem Wettersteingebirge verwachsen sei er aber schon viel länger, sagt er. Leise und mit ein bisschen näselnder Stimme. 1978 habe er, der leidenschaftliche Kletterer und Alpinist, seine »Berufung« gefunden. Damals wurde Wehrle

Das Zugspitzplatt.

Der Wirt der Knorrhütte (Foto rechts) beim Brotteig-Kneten.

Wirt der legendären Oberreintalhütte und sei »vom Schatten in die Sonne« getreten. Habe die Zeit genossen als Kletterpartner und Ersatzvater der vielen jungen Bergsteiger, die die Hütte zu ihrem Wochenenddomizil erwählten.

Bis er spürte, das die Zeit für etwas Neues gekommen war. Wehrle ging nach München, war arbeitslos, entdeckte die Kunst, das Schreiben. Zwei Bücher hat er bis heute veröffentlicht, über den »Bergsteiger ohne Maske« Franz Fischer und über die »Kletterwelt Oberreintal«. So stark war der 51-Jährige mit der Landschaft des Wettersteins verwachsen, dass es ihn nach einem Jahr wieder zurückzog in die Berge. Heute lebt er den Sommer über mit seiner »Wahlfamilie«, seinen jungen Mitarbeitern. Zusammen schaffen sie eine ganz eigene Atmosphäre im Reintal. Die nicht bemüht wirkt, sondern von Herzen kommt.

Um 6.30 Uhr weckt Wehrle die Zugspitzaspiranten. Mit seinem Hackbrett auf dem Schoß sitzt er im Treppenhaus, hält die filigranen Schlägel zwischen Zeige- und Mittelfinger und spielt den »Reintal-Weckruf«. So sanft wie die Nacht beendet wurde, so sanft beginnt der Weiterweg, bis er sich an einem Felsriegel aufsteilt und durch das Brunntal auf

Die Partnach mäandert durch das Reintal.

das Zugspitzplatt führt. Eine hellblaue Fahne mit der Aufschrift »Hacker-Pschorr – Himmel der Bayern« verspricht die baldige Ankunft an der Knorrhütte. Die wurde 1855 erbaut, und das kam so:

Am 17. August 1853 stieg Professor Dr. Otto Sendtner auf die Zugspitze, um dort trigonometrische und barometrische Messungen vorzunehmen. Dabei musste er in der alten Hirtenhütte im Reintal übernachten, die bereits dem Erstbesteiger Josef Naus als Unterkunft gedient hatte. Dem Botaniker missfiel dies und er argumentierte: Wenn etwas näher zum Zugspitzgipfel hin eine Hütte gebaut würde, »so wäre die Besteigung des höchsten Berges der nördlichen Kalkalpen leicht und nach Anbringung einiger Stufen selbst für Damen möglich.«

Sendtners Engagement in Sachen Hüttenbau war von Erfolg gekrönt. Am 24. Juli 1855 schrieb er in der *Neuen Münchener Zeitung*: »Den Feunden der bayerischen Alpen können wir die angenehme Nachricht geben, daß die Herren Brüder Angelo und Julius Knorr auf der Höhe des Zugspitzplateau's … ein gemauertes Gebäude errichten und mit einem Heuvorrathe als Lagerstätte versehen lassen zu

Johann Findeis hat aus der Wiener-Neustädter Hütte ein Museum gemacht.

Nutz und Frommen der Zugspitzbesteiger. ... Auf diese Weise ist das Unternehmen einer Zugspitzbesteigung, das ohnedies immer gefahrlos war, auch seiner Beschwerlichkeit entledigt worden.«

Sicher lässt sich über den Gefahrenaspekt streiten. Und anstrengen muss man sich immer noch, will man Rolf Wiegand einen Besuch abstatten. Seit dem Sommer 2000 ist er Wirt auf der Knorrhütte. Schlank, blond, braungebrannt steht er auf der Sonnenterrasse. Sieht ein bisschen aus wie Peter O'Toole, der einst so souverän den »Lawrence von Arabien« spielte. Seine gute Hautfarbe könnte fast darüber hinwegtäuschen, dass er ein »Arbeitstier« ist. Das muss Wiegand auch sein, denn wie könnte er sonst allein einen Betrieb bewältigen, der jährlich etwa 4000 Übernachtungen verzeichnet und bei Hochbetrieb 200 Gäste beherbergt?

Wenn tagsüber etwas weniger los ist, steht Wiegand in der Küche und backt. Apfelkuchen, sein eigenes Brot. Wirtschaften habe er gelernt, sagt der Betriebswirt, als Pächter der Steinberghütte im Wilden Kaiser und als Gastronom im Chiemgau. Doch dieses Leben scheint weit zurückzuliegen. Seine beiden Kinder und seine geschiedene Frau leben in Rosenheim, »im Tal habe ich alles aufgelöst«. Selbst das Auto verrotte langsam, aber »ich muss ja nicht runter. Hier oben habe ich alles, was ich brauche.« Es ist kein archaisches Hüttenleben, das Wiegand auf der Knorrhütte führt. Die ist für ihn eher Dienstleistungsbetrieb als Bergsteigeridyll. Deshalb wird es ihm auch nicht schwer fallen, seine Hütte im Winter zu verlassen. Den verbringt der »Sonnentyp« in La Paz, Baja California, Mexiko.

Der Museumswärter – Das Österreichische Schneekar

Diese Einsamkeit muss einer erstmal ertragen. Diese Stille, die an Leib und Seele spürbar wird, nur ab und zu durchbrochen von niedergehenden Steinsalven und Schneerutschen. Diese Isolation, einen ganzen Winter lang, wenn die Tage kurz sind und kaum die Sonne hereinscheint in das Österreichische Schneekar. Keine Menschenseele kommt dann herauf zur Wiener-Neustädter Hütte. Niemand, der einen besuchen würde, mit dem man reden könnte.

Johann Findeis hat das zwei Winter lang mitgemacht. Monatelang war er allein auf seiner Hütte. Fotografierte, schnitzte einen kunstvoll geschnörkelten Türrahmen, las. Beschäftigte sich mit irgendetwas, um nicht ins Grübeln zu kommen über den Sinn und Zweck seines Tuns. Und lernte dabei, dass man »sich trennen können muss von Problemen und Menschen. Man darf nichts Ungelöstes zurücklassen im Tal.«

Obwohl der Weg vom Eibsee über die Wiener-Neustädter Hütte der kürzeste auf die Zugspitze ist, bekommt Findeis nur selten Besuch. 550 Übernachtungen habe er im Sommer 1999 gehabt, dem besten in seinen zehn Jahren als Hüttenwirt. Die anderen Hütten im Zugspitzgebiet haben zehnmal so viel. Doch anzufechten scheint das den

Ein Klettersteig führt durch das Österreichische Schneekar zum Gipfel.

Im »Stopselzieher«.

43-jährigen Niederösterreicher nicht. Er ist, wie einer seiner Kollegen formuliert, »der Richtige am richtigen Platz«.

Liebevoll hat der große Mann mit dem Bäuchlein seine Hütte eingerichtet. Ein wahres Museum hat er aus der 1884 erbauten Unterkunft gemacht. Da steht zum Beispiel der fast vier Meter lange »Isidor-Bader-Tisch«, den selbiger 1914 von Ehrwald aus »in vollständig fertigem Zustande, ungeteilt, in einem ununterbrochenen Gange auf seinem Rücken« bis zur Hütte trug. Da hängen auch »Die 10 Gebote des Bergsteigers«, verabschiedet auf der Generalversammlung des Deutschen und Österreichischen Alpenvereins in Leipzig am 27. Februar 1907, in denen es heißt: »Du sollst auf der Wanderung Deine Erziehung und Bildung nicht von Dir tun; Unart und Hoheit sind nicht Dasselbe wie Freudigkeit und Kraft.«

Leider sei es so, sagt Findeis, dass viele Bergsteiger dies nicht mehr beherzigen würden. Im Sommer 1999 zum Beispiel sei auf dem Weg zur Zugspitze jede Woche mindestens ein Unfall passiert. Dabei »muss man am Berg doch auch umkehren können«. Und gerade an der Zugspitze, »der du nie trauen kannst«. So schnell schlage hier das Wetter um. Kürzlich erst habe ihm ein unvermutet einsetzender Hagelsturm sämtliche Fenster der Rückwand eingeschlagen. Vor einigen Jahren hat es dem Anbau, in dem die Lager untergebracht sind, den ganzen Dachstuhl weggeblasen.

Eine Gefahr ganz anderer Art drohte der einstigen Hüttenwirtin Bertha Haneder am 20. April 1945. An jenem Tag kurz vor Kriegsende bombardierten amerikanische Flieger sowohl die Talstation der Tiroler Zugspitzbahn als auch das Kammhotel. Die junge Frau musste zwischen Felsblöcken Schutz suchen, wie durch ein Wunder blieb die Hütte unzerstört.

Dafür brannte knapp zwei Jahrzehnte später, in der Nacht vom 28. auf 29. September 1962, das Kammhotel

Die Zugspitze und ihre Tiroler Seite.

vollständig ab. Wer heute auf dem Klettersteig von der Wiener-Neustädter Hütte durch den kaminartigen »Stopselzieher« zur Zugspitze steigt, kommt kurz unterhalb des Grates an einem riesigen Aschehaufen vorbei. Relikt einer anderen Zeit. Ebenso wie die letzten Reste der alten Seilbahntrasse, die nach dem Bau der neuen Tiroler Zugspitzbahn im Sommer 1991 abgerissen wurde. Heute schwebt die Seilbahn direkt über die Wiener-Neustädter Hütte. Das ist gut für Findeis, denn die Mitarbeiter der Seilbahn können ihm seine Vorräte durch eine Luke abseilen.

Nur das Fleisch, das bringt der Metzger Karlheinz Schennach einmal pro Woche selbst auf die Wiener-Neustädter Hütte hinauf. Für den Alpinisten ist das Zusatzverdienst und Trainingsprogramm zugleich. Und Findeis kann sein hervorragendes Gulasch machen. Denn gelernt hat er einmal Zuckerbäcker und Koch. Was er allerdings nicht lange geblieben ist. Findeis machte sein Abitur nach, studierte einige Semester Medizin, gab Anatomieunterricht an der Universität Wien, war Privatchaffeur, Judotrainer, Totengräber, Nachtwächter, Erzieher, Holzfäller und Bauarbeiter. Bis er Hüttenwirt wurde.

Als solcher hat er natürlich kaum Zeit, selbst auf die Zugspitze zu steigen. Aber das wäre auch gar nicht unbedingt im Interesse Findeis', der die geballte Erfahrung seines Lebens hinter einer Schale aus Wortkargheit und Schüchternheit versteckt. Nur manchmal, da leuchten seine Augen auf und verraten, dass er »seinen eigenen Rhythmus gefunden hat«. Dass er zufrieden ist auf der Wiener-Neustädter Hütte. Dass er Dinge sieht und erlebt, die ganz speziell sind. Wie jener magische Moment, als ein Regenbogen vom Zugspitzeck bis hinunter nach Garmisch-Partenkirchen reichte. Da fühlte sich Findeis, als ob er im Schatzkästchen leben würde.

1 Stunde 57 Minuten 21 Sekunden

Extremsport an der Zugspitze

Eine paar Fußstapfen im Schnee markieren den kurzen Weg von der Gipfelstation zum Gipfelkreuz. Es ist eisig kalt, aber klar. Seit Tagen sorgt ein Hochdruckgebiet für stabiles Januarwetter. Der wenige Schnee ist gut verfestigt und macht das Spuren daher einfach. Ideale Verhältnisse also für eine Winterbegehung des Jubiläumsgrates, der den Ostgipfel der Zugspitze mit der Alpspitze verbindet.

Der »Jubelgrat« gilt seit Jahrzehnten als Route, die jeder Kletterer und Bergsteiger einmal gemacht haben muss. Viele junge Talente aus dem oberbayerischen Raum haben auf dieser Gratschneide ihre alpine Feuertaufe hinter sich gebracht, bei Alleinbegehungen, im Winter oder alleine im Winter. Denn obwohl der Grat zwischen 1909 und 1915 von der Sektion München des Deutschen Alpenvereins mit Drahtseilen, Klammern und Eisenstiften gesichert wurde, ist seine Begehung ein anspruchsvolles Unternehmen geblieben. (Weshalb es ein verharmlosendes Understatement ist, von »Jubiläumsweg« zu sprechen.)

Die erste gesamte Begehung des Jubiläumsgrates gelang dem Alleingänger Ferdinand Henning am 2. September 1897. Die erste Winterbegehung folgte allerdings erst am 19. und 20. März 1927. Karl von Kraus, Karl Wien und W. Hofmeier waren die Mutigen, die sich auf den verschneiten, zum Teil überwächteten Übergang wagten. Erwähnenswert für die alpine Statistik ist noch die erste winterliche Begehung des gesamten Blassen- und Jubiläumsgrates, die Otto Eidenschink an Weihnachten 1936 vollbrachte. Was für ein intensiver Heiliger Abend.

Diese Mini-Chronik des Jubiläumsgrates ist charakteristisch für eine Entwicklung, die im gesamten Zugspitzmassiv bis heute zu beobachten ist. Nachdem in der ersten Hälfte des 20. Jahrhunderts alle Grate überschritten, die Wände begangen und die logischen Linien gefunden worden waren, verlegte sich die Elite der Bergsteiger auf Winterbegehungen. In dem Maße, in dem das alpinistische Können wuchs und sich die Ausrüstung verbesserte, verlor sich das Interesse an neuen Routen am Zugspitzmassiv. Verstärkt wurde dies durch die Struktur und Beschaffenheit der Zugspitzwände, die aufgrund ihres alpinen Charakters nicht das bieten, was moderne Kletterer suchen. Kompakte Wandfluchten, festes Kalkgestein – Fehlanzeige. Stattdessen warten die Zugspitzwände mit vereis-

Der Zugspitzgipfel aus Kletterperspektive. Extremes auf ganz andere Art leistet Peter Riesch: Er braucht für den Weg auf die Zugspitze nicht mal zwei Stunden (kleines Bild und links).

ten Rinnen und brüchigen Passagen auf, die nicht gerade zum Genussklettern einladen.

Wirklich innovative Routen wurden in der zweiten Hälfte des vergangenen Jahrhunderts an der Zugspitze nicht mehr gefunden. Die Szene im Wettersteingebirge konzentrierte ihre Aktivitäten auf die Zugspitztrabanten. Auf den Blassenkamm, der mit dem Jubiläumsgrat beginnt und sich mit Hochblassen und Hoher Gaif fortsetzt. Auf den Waxensteinkamm, der über Riffelspitzen, Schönangerspitzen und Waxensteine nach Nordosten führt. Vor allem aber auf den südlichen Wettersteinkamm, der über den Schneefernerkopf, die Wetterspitzen, den Hochwanner, die Schüsselkarspitze und die Dreitorspitzen bis zur Unteren Wettersteinspitze führt und an dessen Nord- respektive Südabstürzen sich zwei der besten Klettergebiete der Nördlichen Kalkalpen befinden: die Schüsselkarspitze-Südwand und das Kletterparadies Oberreintal.

Natürlich soll dies nicht heißen, dass die zwischen 1950 und 1990 erschlossenen Wege nicht äußerst anspruchsvoll wären. Im Gegenteil, bis heute wagt sich nur eine kleine Schar erfahrener Alpinisten in die langen und ausgesetzten, schwer zu sichernden Routen. Es ist nur so: Diese Routen entsprechen nicht mehr unbedingt den Vorlieben einer Klettergemeinde, die ihre Ziele zum einen in der Steigerung der reinen Kletterschwierigkeit, zum anderen in der Übertragung dieser Schwierigkeit auf die hohen Berge der Welt sucht. Die ungelösten Probleme des Himalaya, des Karakorum, Patagoniens und Alaskas reizen mehr als die Zugspitzeck-Westwand. Vielleicht ist das kurzsichtig. Vielleicht wird sich das auch wieder ändern. In diesen Jahren jedenfalls wäre man in den Touren eines Max Winkler, eines Willo Welzenbach, eines Thomas Tivadar (vgl. Chronologie) ziemlich allein gewesen.

Was dagegen boomt, ist die Skibefahrung der »Neuen Welt«. Dieses schmale Kar beginnt an der Schulter des Schneefernerkopfes und bricht in südwestlicher Richtung gegen Ehrwald ab. Franz Pritzl eroberte die »Neue Welt« zusammen mit Ehrwalder Freunden in den 60er-Jahren auf Ski. Steil sind die Hänge, über die der Skifahrer nach unten schwingt. Stürzen sollte er nicht, denn die Abfahrt wird von

Ausgesetzt …

zwei Felsabstürzen unterbrochen. Hier heißt es: die betonierten Haken finden, Seil auspacken, abseilen. Alpine Erfahrung ist also unbedingt notwendig, will man diese abenteuerliche Skiroute genießen. Außerdem muss man eine Ahnung von Lawinenkunde haben. Denn bei unsicheren Verhältnissen sollte man der »Neuen Welt« auf keinen Fall einen Besuch abstatten.

Eine andere, wenngleich wesentlich seltener befahrene Skiabfahrt eröffneten die Münchner Eugen Stiebritz, Ingrid Traunspurger und Bruno Bianchi im Winter 1982. Sie fuhren durch das Höllental hinab. Eine etwas umständliche Prozedur war das, denn zunächst rutschten die drei mit Seilsicherung vom Ostgipfel zur Irmerscharte. Dann seilten sie sich auf den Höllentalferner ab, schwangen diesen hinunter, überquerten das Brett, stiegen auf zur Riffelscharte und erreichten über die Station Riffelriß das Tal.

Extremes gibt es auch aus der Vogelperspektive zu berichten. Während er als Soldat in Garmisch-Partenkirchen stationiert war, hatte sich der Amerikaner Mike Harker in den Kopf gesetzt, mit einem Drachenflieger von der Zugspitze ins Tal zu gleiten. Am 16. April 1973 schleppte er sein 25 Kilogramm schweres Fluggerät zum Beginn des Kares »Neue Welt«. Genau 1714 Meter unter sich und zwölf Kilometer entfernt sah er seinen vorgesehenen Landeplatz. Um 11.21 Uhr riss die Wolkendecke etwas auf, Harker ließ seine Ski gleiten, gewann an Tempo und hob ab. Fallwinde drückten seinen Drachen vierzig Meter nach unten, Thermikblasen zogen ihn in die Höhe. Nach elf Minuten und 26 Sekunden landete Harker. Der erste Drachenflug von der Zugspitze war gelungen.

Richtig populär wurde der Flugsport, als Mitte der 80er-Jahre die ersten Gleitschirmflieger in den Alpen zu sehen waren. Heute startet ab und zu ein Pilot von der Schulter des Schneefernerkopfes. Der Flug ist nicht einfach, denn an den Südabstürzen des Zugspitzmassivs herrschen gefährliche Windverhältnisse. Einige Wagemutige schaffen es, nach ihrem Start Richtung Garmisch zu fliegen. Im Winter können sie dann auf dem zugefrorenen Eibsee landen.

... und lang: der Jubiläumsgrat.

Eine sommerliche Modetour: der Jubiläumsgrat.

Kletternd, Ski fahrend und fliegend wurde der höchste Gipfel Deutschlands von Extremen erschlossen und es sieht nicht so aus, als ob sich die Entwicklungsspirale in naher Zukunft höher schrauben ließe. Doch die Zugspitze wäre nicht die Zugspitze, würde sie nicht wenigstens in einem Bereich zu immer höheren Leistungen anstacheln. Das Wettrennen auf den Berg begann bereits am 24. August 1955. An diesem Tag lief der 20-jährige Zimmermann Willi Grigoleit aus Entenbach bei Kaiserslautern in drei Stunden durch das Höllental auf die Zugspitze. Am Tag zuvor hatte er dies schonmal gemacht – allerdings ohne Zeugen, weshalb ihm keiner glauben wollte und er seine Leistung wiederholen musste.

Vermutlich dauerte es bis 1979 – eine offizielle Statistik gibt es ja nicht –, bis dieser Geschwindigkeitsrekord unterboten wurde. Allerdings auf der Gleisstrecke der Zahnradbahn zwischen Eibsee und Schneefernerhaus. Für diese 8100 Meter lange Strecke benötigten die Bergläufer Kurt Lauen und Wolfgang Plümpe nur 58 Minuten, bei einer Steigung von 25 Prozent und 4453 Metern im Tunnel.

Das Jahr 2000 bringt, rein »zugspitzmäßig«, etwas Neues: »1. Top of Germany Challenge« nennt sich ein Halbmarathon vom Olympiastadium in Partenkirchen über das Reintal und das Platt zur Station »SonnAlpin«. 1910 Höhenmeter, 21 Kilometer – nicht schlecht für einen Volkslauf.

Den vorläufigen und schnellsten Schlusspunkt der Höhensprints setzte der Maschinist der Eibsee-Seilbahn, Peter Riesch. Sollte es keinen anonymen Schnellbergsteiger geben, hält der 31-Jährige den Rekord für die schnellste Zugspitzbesteigung. In der schier unfassbaren Zeit von 1 Stunde 57 Minuten und 21 Sekunden rannte er von Hammersbach über das Höllental zum Gipfelkreuz. Ist er gut in Form, läuft Riesch an einem Tag dreimal auf den Berg – insgesamt sind das 6600 Höhenmeter.

Einsam ist es dort nur noch im Winter. Dafür sind die Biwaknächte kalt.

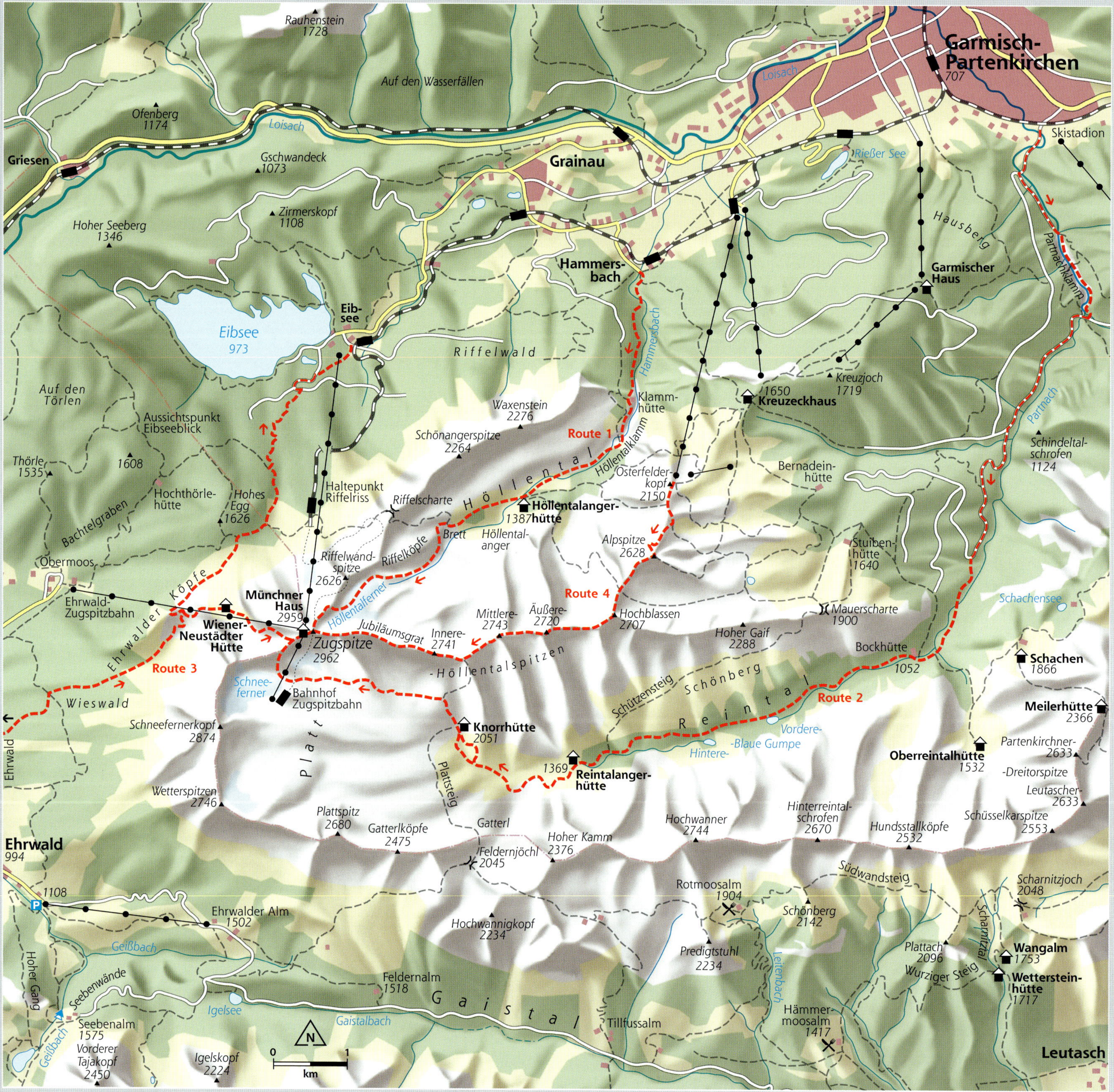
Garmisch-Partenkirchen
707
Grainau
Griesen
Hammersbach
Eibsee
Eibsee 973
Riffelwald
Route 1
Route 2
Route 3
Route 4
Zugspitze 2962
Münchner Haus 2959
Wiener-Neustädter Hütte
Ehrwald-Zugspitzbahn
Haltepunkt Riffelriss
Höllentalangerhütte
Höllental
Höllentalspitzen
Knorrhütte 2051
Reintalangerhütte
Reintal
Schönberg
Bockhütte 1052
Kreuzeckhaus
Garmischer Haus
Schachen 1866
Meilerhütte 2366
Oberreintalhütte 1532
Ehrwald 994
Ehrwalder Alm 1502
Gaistal
Leutasch
Wangalm 1753
Wettersteinhütte 1717
Alpspitze 2628
Hochblassen 2707
Waxenstein 2276
Schneefernerkopf 2874
Wetterspitzen 2746
Plattspitz 2680
Hochwanner 2744
Platt
Bahnhof Zugspitzbahn
Rauhenstein 1728
Auf den Wasserfällen
Ofenberg 1174
Gschwandeck 1073
Zirmerskopf 1108
Hoher Seeberg 1346
Rießer See
Skistadion
Loisach
Partnachklamm
Feldernalm 1518
Igelsee
Seebenalm 1575
Tillfussalm
Rotmoosalm 1904
Hämmermoosalm 1417
Feldernjöchl 2045
Hochwannigkopf 2234
Predigtstuhl 2234
Igelskopf 2224
Vorderer Tajakopf 2450
0 1 km
N

Wegbeschreibungen

Es muss nicht immer eine Bahnfahrt sein.
Zu Fuß auf dem Weg zur Zugspitze.

1. Durch das Höllental

Ausgangspunkt: Hammersbach (758 m);

Anstieg: Hammersbach – Klammeingangshütte (1045 m) – Höllentalklamm – Höllentalangerhütte (1387 m) – Klettersteig über die »Leiter« und das »Brett« – Höllentalferner – Klettersteig zur Irmerscharte – Zugspitze (2962 m);

Zeit: 7 – 8 Stunden;

Stützpunkte: Klammeingangshütte (bewirtschaftet Mitte Mai bis Mitte Oktober, keine Übernachtungsmöglichkeit), Höllentalangerhütte (bewirtschaftet Anfang Juni bis Mitte Oktober, 70 Schlafplätze, Tel. 0 88 21/88 11); Münchner Haus, 2957 m (bewirtschaftet Ende Mai bis Ende September, 23 Schlafplätze, Tel. 0 88 21/29 01);

Charakter: Der Anstieg ist sehr lang und anspruchsvoll. Es empfiehlt sich, eine Übernachtung in der Höllentalangerhütte einzuplanen. Allerdings ist diese an schönen Wochenenden oft überfüllt. Trittsicherheit und Schwindelfreiheit sind absolut erforderlich. Im Spätsommer kann die Überwindung der Randkluft am Höllentalferner Schwierigkeiten bereiten. Steigeisen oder Grödel können dann hilfreich sein.

Höllentalangerhütte.

Höllentalferner.

Hochwanner-Nordwand.

2. Durch das Reintal

Ausgangspunkt: Garmisch-Partenkirchen, Skistadion (730 m);

Anstieg: Skistadion – Wildenau – Partnachklamm – Bockhütte (1052 m) – Reintal – Blaue Gumpe – Reintalangerhütte (1369 m) – Knorrhütte (2051 m) – Platt – SonnAlpin (2500 m) – Zugspitze (2962 m);

Zeit: 8 – 10 Stunden;

Stützpunkte: Reintalangerhütte (bewirtschaftet Ende Mai bis Mitte Oktober, 90 Schlafplätze, Tel. 0 88 21/29 03), Knorrhütte (bewirtschaftet Ende Mai bis Anfang Oktober, 117 Schlafplätze, Tel. 0 88 21/29 05),
Münchner Haus (2957 m; bewirtschaftet Ende Mai bis Ende September, 23 Schlafplätze, Tel. 0 88 21/29 01);

Reintalangerhütte.

Charakter: Der Anstieg beginnt flach, ist dafür aber auch sehr lang. Trotzdem lohnt er sich, denn das Reintal gehört zu einem der schönsten Nordalpentäler. Hat man aber zwei Tage Zeit, empfiehlt sich die Übernachtung in einer der beiden Hütten. Konditionell ist der Weg anspruchsvoll, bietet aber keine größeren technischen Schwierigkeiten.

Der Gipfel.

3. Durch das Österreichische Schneekar

Ausgangspunkt: Eibsee (950 m);

Anstieg: Eibsee – Wiener-Neustädter Hütte (2213 m) – Österreichisches Schneekar – Zugspitze (2962 m);

Zeit: 8 Stunden;

Stützpunkte: Wiener-Neustädter Hütte, bewirtschaftet Mitte Juni bis Mitte September, 62 Schlafplätze, Tel. 00 43/6 63/3 73 78),
Münchner Haus (2957 m; bewirtschaftet Ende Mai bis Ende September, 23 Schlafplätze, Tel. 0 88 21/29 01);

Charakter: Der Anstieg über die Wiener-Neustädter Hütte ist landschaftlich reizvoll, obwohl er unter der Seilbahntrasse der Tiroler Zugspitzbahn in Richtung Gipfel führt. Man kann die Wiener-Neustädter Hütte auch von der Talstation der Zugspitzbahn in Ehrwald/Obermoos erreichen. Der Weg von der Hütte zum Zugspitzgrat erfordert Trittsicherheit und Schwindelfreiheit. Technisch anspruchsvoll.

Führer: Beulke, Stefan. Alpenvereinsführer Wetterstein (4. Aufl.). Ottobrunn: Rother, 1996.
Durner, Günter/Kuban Andreas/Wieser Ulrike: Werdenfels Aktiv Alpin: Der Freizeitführer für Garmisch-Partenkirchen und Umgebung. Garmisch-Partenkirchen: AM-Berg Verlag, 2000.
Pfanzelt, Helmut. Gebietsführer Wetterstein (7. Aufl.). Ottobrunn: Rother, 1996.
Seibert, Dieter. Rund um die Zugspitze (5. Aufl.). Ottobrunn: Rother, 1997.
Seibert, Dieter. Wanderführer Außerfern – Ehrwald – Reutte – Lechtal (2. Aufl.). Ottobrunn: Rother, 1998.
Kompass Wanderbuch: Garmisch-Partenkirchen, Werdenfelser Land. Innsbruck: Kompass, 1999.

Karten: Alpenvereinskarte Wetterstein- und Mieminger Gebirge, Mittleres Blatt (4/2), 1:25.000.
Alpenvereinskarte Wetterstein- und Mieminger Gebirge, Östliches Blatt (4/3), 1:25.000.
Bayerisches Landesvermessungsamt, Zugspitze (Blatt 8531/8631), 1:25.000.
Bayerisches Landesvermessungsamt, Garmisch-Partenkirchen (Blatt 8532/8632), 1:25.000
Bayerisches Landesvermessungsamt, Garmisch-Partenkirchen (Blatt L 8532), 1:50.000.
Bayerisches Landesvermessungsamt, Werdenfelser Land (Blatt L 31), 1:50.000.
Freytag & Berndt, Wetterstein-Karwendel-Seefeld-Leutsch-Garmisch-Partenkirchen (Blatt WK 322), 1:50.000.

Chronologie

Allgemein

Um 2000 v. Chr.: Besiedelung des Loisachtales durch die Illyrer.
15 v. Chr.: An der Heerstraße zwischen Wilten bei Innsbruck und Augsburg, die durch die römische Provinz Raetien verläuft, entsteht die Militärstation Parthanum.
803: Erste urkundliche Erwähnung der Siedlung Germareskowwe, des späteren Garmisch.
1294: Das Gebiet zwischen Garmisch und Mittenwald gehört als Teil der Grafschaft Werdenfels den Fürstbischöfen von Freising.
1361: Partenkirchen erhält das Marktrecht.
5. Februar 1590: Hexenverbrennung im Werdenfelser Land. Vier Frauen finden den Tod.
1737: Großbrand in Partenkirchen. 18 Häuser werden vernichtet.
26. Dezember 1802: Das Hochstift Freising verliert die Grafschaft Werdenfels an Kurfürst Max Josef.
1811: Wieder brennt es in Partenkirchen.
1821: Dritter Großbrand in Partenkirchen, die Häuser in der Badgasse werden zerstört.
1827: Beginn des Bergbaus im Höllental.
1831: Vierter Großbrand in Partenkirchen, der Pfarrhof wird zerstört.
12. August 1851: Auf Veranlassung von Pfarrer Christoph Ott aus Hohenpeißenberg wird auf dem Westgipfel ein Gipfelkreuz errichtet.
1855: Bau der Knorrhütte, der ersten Hütte im Wettersteingebirge. Die Mittel stammen vom Münchner Verleger Angelo Knorr.
1863: Fünfter Großbrand in Partenkirchen.
1865: Sechster und schlimmster Brand in Partenkirchen: Die Kirche und 200 Häuser werden Opfer der Flammen.
1873: Mit dem Bau eines Weges von der Knorrhütte auf die Zugspitze beginnt die touristische Erschließung des Berges. Im selben Jahr übernimmt die Sektion München des Deutschen Alpenvereins die Knorrhütte und läutet damit ihr Engagement rund um die Zugspitze ein.
1879: Bau eines Klettersteigs durch das Österreichische Schneekar auf den Westgipfel der Zugspitze.
1880: Bau der alten Reintalangerhütte (Blockhütte, heute Café Schober genannt).
25. August 1882: Wiedererrichtung des renovierten Kreuzes auf dem Ostgipfel. Bergführer hatten das durch Blitzschlag und Witterung ramponierte Kreuz im Herbst 1881 abmontiert und ins Tal getragen.
1883: Die Familie Knorr lässt eine Nothütte auf dem Westgipfel der Zugspitze errichten, die zwölf Menschen Platz bietet.
1884: Bau der Wiener-Neustädter Hütte und eines Steiges vom Eibsee. Im gleichen Jahr baut die Sektion München den Steig ins Höllental und auf die Riffelscharte.
1888: Bau einer eisernen Brücke über die Höllentalklamm.
25. Juli 1889: Eröffnung der Bahnstrecke München – Garmisch.
1893: Bau der Höllentalangerhütte sowie der Steiganlage über das Brett bis auf die Zugspitze durch die Sektion München.
19. September 1897: Eröffnung des Münchner Hauses.
20. Oktober 1897: Die 21 Kilometer lange Telefonleitung vom Münchner Haus nach Partenkirchen wird offiziell in Betrieb genommen.
19. Juli 1900: Eröffnung der »Königlich Bayerischen Meteorologischen Hochstation Zugspitze«. Das Observatorium fungiert bis heute als Messstation des Deutschen Wetterdienstes.
15. August 1905: Der Ausbau der Höllentalklamm durch den Ingenieur Adolf Zoeppritz, Vorsitzender der Sektion Garmisch, ist vollendet. Die Arbeiten hatten im September 1902 begonnen.
1909: Die Sektion München beginnt mit der Versicherung des Jubiläumsgrates, der Zugspitze und Alpspitze verbindet. Abgeschlossen werden die umstrittenen Arbeiten 1915.
1912: Der zwei Jahre zuvor begonnene Bau eines Steiges durch die Partnachklamm wird fertig. Beginn des Neubaus der Reintalangerhütte, der ein Jahr später vollendet wird.
1914: Sowohl der Erweiterungsbau des Münchner Hauses als auch die neue Reintalangerhütte werden fertig gestellt.
1915: Der 1909 begonnene Ausbau des Jubiläumsgrates von der Alpspitze zur Zugspitze wird fertig.
1918: Der Erzabbau im Höllental wird eingestellt.
19. März 1922: Hauptmann Franz Hailer landet mit seiner 150-PS-Maschine, gestartet vom Flugplatz Schleißheim, auf Kufen am Schneeferner. Wegen schlechter Witterung kann er erst eine Woche später zurückfliegen.
1924: Auf seiner Generalversammlung in Rosenheim artikuliert der Deutsche und Österreichische Alpenverein seinen Widerstand gegen den Bau einer Zugspitzbahn. Auf dieser Versammlung wird auch der berüchtigte Arierparagraph verabschiedet, der die Aufnahme von Juden in den Alpenverein verbietet.
5. Juli 1926: Inbetriebnahme der Tiroler Zugspitzbahn.
29. April 1927: Ernst Udet startet mit einem Segelflugzeug auf dem Schneeferner. Von 11.30 Uhr bis 11.55 Uhr ist er unterwegs, bevor er in Lermoos landet.
1. April 1928: Dem Konsortium Allgemeine Lokalbahn- und Kraftwerke AG Berlin, AEG Berlin und Süddeutsche Treuhandgesellschaft AG München wird die endgültige Genehmigung zum Bau einer gemischten Reibungs- und Zahnradbahn auf die Zugspitze erteilt.
18. Juni 1928: Die *Münchner Neuesten Nachrichten* melden: »Heute erfolgte nunmehr die Gründung der Bayerischen Zugspitzbahn A.G. durch die Kraftwerke A.G. Berlin, AEG Berlin und die Süddeutsche Treuhandgesellschaft München. Das Gründungskapital beträgt 5 Millionen Reichsmark. Mit dem Bau soll nunmehr unverzüglich begonnen werden.«
1. Oktober 1928: Hilfsseilbahn Eibsee – Riffelriß
1. Dezember 1928: Hilfsseilbahn Riffelriss zum Fenster I.
5. Februar 1929: Hilfsseilbahn Riffelriß zum Fenster III.
22. April 1929: Hilfsseilbahn Riffelriß zum Fenster IV.
1. Juni 1929: Die Arbeiter Emmerich Fuchslechner und Ludwig Peterskofer verunglücken beim Bohren eines Sprenglochs tödlich.
5. Dezember 1929: Brand im Fenster IV, in dem 120 Arbeiter wohnen. Der Hilfsarbeiter Johann Bail und der Ingenieur Ludwig Tausendpfund kommen ums Leben.
19. Dezember 1929: Die Teilstrecke Garmisch–Eibsee ist betriebsfertig.
8. Februar 1930: Um 2.55 Uhr gelingt der Durchbruch des Zahnradbahn-Tunnels zum Platt.
8. Juli 1930: Der erste Zug fährt vom Eibsee zum Schneefernerhaus.
20. Januar 1931: Eröffnung des Hotels Schneefernerhaus und der Gipfelseilbahn.
Winter 1931/32: Eröffnung der Poststelle auf der Zugspitze, die noch heute im Restaurant »SonnAlpin« residiert.
29. April 1931: Dem Münchner Architekten Heldmann gelingt der erste Ballonstart auf der Zugspitze.
1. Januar 1935: Die beiden Gemeinden Garmisch und Partenkirchen werden zur Marktgemeinde Garmisch-Partenkirchen vereinigt.

1936: Die Olympischen Winterspiele finden in Garmisch-Partenkirchen statt.
15. Februar 1937: Die Bayerische Zugspitzbahn AG übernimmt die Aktienmehrheit an der Österreichischen Zugspitzbahn AG. Die Gesellschaft wird in Tiroler Zugspitzbahn AG umbenannt und der bayerischen Betriebsleitung unterstellt.
1937: Verlängerung des Fußgängertunnels zwischen der damaligen Bergstation Zugspitzkamm der Tiroler Zugspitzbahn und Zugspitzeck bis zum Schneefernerhaus.
20. April 1945: Amerikanische Flugzeuge werfen Bomben auf die Zugspitze ab. Die Talstation der Tiroler Zugspitzbahn wird zerstört, das Kammhotel beschädigt. Nach Kriegsende wird die Tiroler Zugspitzbahn als »deutsches Vermögen im Ausland« enteignet, das Hotel Schneefernerhaus von amerikanischen Truppen beschlagnahmt.
1948: Die Deutsche Bundespost nimmt den Betrieb ihrer Richtfunkstelle auf dem Zugspitzgipfel auf.
20. September 1949: Zwei 150 Meter lange Drahtseile sind zwischen dem Ost- und Westgipfel gespannt. Teilweise sind sie vereist, was drei Artisten nicht daran hindert, als Erste auf dem Luftweg zwischen den Gipfeln hin- und herzuspazieren.
1950: Die Hangbahn zwischen Hotel Schneefernerhaus und dem Zugspitzplatt nimmt ihren Betrieb auf.
13. Dezember 1952: Das von den Amerikanern nach Ende des Zweiten Weltkriegs beschlagnahmte Hotel Schneefernerhaus wird nach Renovierungsarbeiten wieder eröffnet.
1. Juli 1951: Der Journalist Helmut Lorbeer und der Fotograf Max Beckert fahren mit einem Motorrad auf die Zugspitze. Vier Stunden holpern sie neben den Gleisen der Zahnradbahn zum Gipfel.
28. Juli 1953: Alfred und Henry Traber fahren mit einem Motorrad von einem Gipfel zum anderen. Vater Alfred auf der Maschine, Sohn Henry im Trapez darunter hängend. Dreimal drehen sie sich zusammen um das Seil, ein dreifacher Salto auf dem Motorrad.
1956: Das Max-Planck-Institut für Physik und Astrophysik beginnt, die energiearmen Komponenten der kosmischen Strahlung auf der Zugspitze zu messen.
9. August 1957: John Smith aus Southampton besucht die Zugspitze. Warum der 33-Jährige in hüfthohen Fischerstiefeln, ausgerüstet mit drei Angelruten und einem Köcher, auf dem Platt spazieren ging, wurde nicht bekannt.
27. August 1960: Die Bayerische Zugspitzbahn AG erhält die Konzession für den Bau der Eibsee-Seilbahn.
28./29. September 1962: Das österreichische Kammhotel brennt vollständig ab.
1. Dezember 1962: Eröffnung der Eibsee-Seilbahn. Aufgrund einer technischen Panne wird die endgültige Betriebsaufnahme für den öffentlichen Fahrverkehr auf den 15. Mai 1963 verschoben.

15. Mai 1964: Eröffnung der österreichischen Gipfelseilbahn, die die bisherige Bergstation Zugspitzkamm mit dem Westgipfel verbindet.
15. Mai 1965: Eine Lawine rast über die Sonnenterrasse des Hotels Schneefernerhaus. Sie fordert zehn Tote und 24 Verletzte.
1966: Bau einer neuen Verbindungsseilbahn zwischen Hotel Schneefernerhaus und Zugspitzplatt.
16. April 1973: Der Amerikaner Mike Harker fliegt mit einem Drachen von der Zugspitze nach Ehrwald.
1977: Bau einer einspurigen Großkabinenbahn zwischen Hotel Schneefernerhaus und Zugspitzplatt.
1978: Garmisch-Partenkirchen ist Austragungsort der alpinen Skiweltmeisterschaft. Bau der »Nordwandferrata« auf die Alpspitze.
1980: Die seit 50 Jahren in Betrieb befindlichen Kabinen der Gipfelseilbahn zwischen Hotel Schneefernerhaus und Gipfel werden durch voll verglaste Leichtbaukabinen ersetzt.
11. Oktober 1981: Der Erzbischof von München und Freising, Josef Kardinal Ratzinger, weiht die Kapelle Maria Heimsuchung auf dem Zugspitzplatt. Gestiftet wurde sie von dem Münchner Fritz Kittsteiner.
1982: Inbetriebnahme einer neuen Kläranlage im Hotel Schneefernerhaus, die für die Abwässer des gesamten Zugspitzgebiets angelegt ist.
14. Juni 1985: Erste Sprengung für den Bau eines neuen Zahnradbahntunnels zum Zugspitzplatt. Diese 975 Meter lange Trasse ermöglicht den direkten Zugang ins Skigebiet ohne Umsteigen am Hotel Schneefernerhaus. Tunnelpatin ist Rosi Mittermaier-Neureuther.
6. März 1987: Inbetriebnahme des »Rosi-Tunnels«.
15. Januar 1988: Einweihung des »Rosi-Tunnels« und des Gletscherbahnhofs Zugspitzplatt.
8. Dezember 1989: Einweihung des erweiterten Selbstbedienungsrestaurants auf dem Zugspitzplatt, das nunmehr »SonnAlpin« heißt.
1990: Ab Juni gibt es im Schneefernerhaus keine Übernachtungsmöglichkeit mehr.
1. Juni 1991: Ein Felssturz versperrt die Wegführung und den Wasserlauf durch die Partnachklamm. Seit 1992 führt ein 108 Meter langer Stollen an den Gesteinsmassen vorbei.
11. Juli 1991: Eröffnung der neuen Tiroler Zugspitzbahn, die von Ehrwald-Obermoos direkt zum Zugspitzgipfel führt. Gleichzeitig beginnt der Abbau der alten Seilbahntrasse.
14. Januar 1992: Der gesamte Hotel- und Gastronomiebetrieb im Schneefernerhaus wird eingestellt. Gleichzeitig wird die Zahnradbahnstrecke zum Schneefernerhaus für den offiziellen Betrieb stillgelegt.
21. Dezember 1992: Inbetriebnahme der Gletscherbahn, die die Bergstationen der Eibsee-Seilbahn und der Zahnradbahn direkt verbindet.
18. August 1993: Klement Mangold, seine beiden Söhne Hans und Michael sowie Klement Bichlmeyr bauen das Gipfelkreuz ab. Es wird im Werdenfelser Heimatmuseum ausgestellt.
16. Oktober 1993: Unter der Regie von Klement Mangold wird eine originalgetreue Kopie des Gipfelkreuzes auf dem Ostgipfel errichtet.
27. Oktober 1993: Offizielle Eröffnung der neuen Gipfelstation, der Gletscherbahn und des Konferenzbereichs im Restaurant »SonnAlpin«.
25. März 1994: Inbetriebnahme eines Geldautomaten in der Gipfelstation. Inzwischen ist dieser wieder abgebaut.
21. Oktober 1994: Nach Schweißarbeiten an einem Aufzug bricht im obersten Stockwerk des Schneefernerhauses Feuer aus. Der Sachschaden beträgt rund eine Million Mark.
1. Juli 1995: Eröffnung eines Ausstellungsraums in der neuen Gipfelstation. Seither stellen renommierte zeitgenössische Künstler im halbjährlichen Wechsel ihre Kunstwerke aus.
1996: Die seit zwei Jahren geplante Umweltforschungsstation im Schneefernerhaus wird eröffnet. In dem ehemaligen Hotel residieren nun das Fraunhofer-Institut für Atmosphärische Umweltforschung (IFU), das Umweltbundesamt (UBA) und der Deutsche Wetterdienst (DWD). Bau eines 9,5 Kilometer langen Abwasserkanals vom Zugspitzgipfel zum Eibsee. Gleichzeitig entsteht eine acht Kilometer lange Hochdruck-Frischwasserleitung zwischen Eibsee und Schneefernerhaus.
10. November 1996: Um 13.39 Uhr fliegt der 55-jährige Privatpilot Udo Berninghaus mit seiner einmotorigen Piper-28 gegen die Wetterkante auf der Südseite des Zugspitzmassivs. Die Gründe für seinen Selbstmord, den er über Funk angekündigt hatte, bleiben im Dunkeln.
1997: Als erstes Bergbahnunternehmen in Europa erhält die Bayerische Zugspitzbahn AG eine Zertifi-

zierung gemäß der Öko-Audit-Verordnung der Europäischen Union. Im Oktober übernimmt die Gemeinde Garmisch-Partenkirchen für 37 Millionen Mark die Aktien der Bayerischen Zugspitzbahn AG von der Frankfurter Aktiengesellschaft für Industrie und Verkehrswesen (AGIV).

1. November 1998: Fusion der Bayerischen Zugspitzbahn AG mit der Wank-Bahn AG. Das Unternehmen firmiert nun unter der Bezeichnung Bayerische Zugspitzbahn Bergbahn AG. Sämtliche Bergbahnen im Raum Garmisch-Partenkirchen sind damit im Besitz der Gemeinde Garmisch-Partenkirchen.

1. August 1999: Auf der Bergstrecke der Zahnradbahn ereignet sich der erste Unfall. Ein talwärts fahrender Zug prallt mit 15 Stundenkilometern auf einen stehenden Zug. 16 Passagiere werden verletzt.

10. Oktober 1999: Die Brüder Falco und Johann Traber befahren ein zwischen Ost- und Westgipfel gespanntes Drahtseil mit einem Fahrrad.

12. April 2000: Studenten und Professoren der Universität Bayreuth stellen eine Studie zur Tourismuskonzeption der Gemeinde Garmisch-Partenkirchen vor. Das Ergebnis ist alles andere als beruhigend.

20. Mai 2000: Das *Garmisch-Partenkirchner Tagblatt* berichtet von der »Vision« des Zugspitzbahnvorstands Dr. Peter Hirt, einen fünf Kilometer langen Tunnel zwischen den Skigebieten Alpspitze und Zugspitzplatt zu bauen. Das Projekt wird auf 40 Millionen Mark veranschlagt.

28. Mai 2000: Eröffnung des 2275 Meter langen Umgehungstunnels bei Farchant. Der Tunnel leitet die Bundesstraße 2 um die nördlich von Garmisch-Partenkirchen gelegene 5000-Seelen-Gemeinde herum. Pläne für die Umgehungen von Garmisch-Partenkirchen und Oberau liegen in der Schublade.

10. Juni 2000: Am Katzensteintunnel zwischen Garmisch und Grainau ereignet sich der schwerste Unfall in der knapp 70-jährigen Geschichte der Zahnradbahn. Zwei Züge stoßen auf der eingleisigen Strecke zusammen. 64 Menschen werden verletzt, sieben von ihnen schwer.

8. Juli 2000: Die Feierlichkeiten zum 70-jährigen Jubiläum der Zahnradbahn werden aufgrund des Unfalls abgesagt. Den Opfern und ihren Angehörigen wird schnelle und unbürokratische Hilfe gewährt.

10. – 16. Juli 2000: Ein Felsbrocken aus dem Zugspitzmassiv wird während der Bayerischen Woche auf der Expo in Hannover ausgestellt.

19. Juli 2000: Das 100-jährige Bestehen der Wetterstation Zugspitze wird mit einem großen Festakt zelebriert.

Alpinismus

1750 – 1780: In einer handgezeichneten Karte ist eine Zeitangabe für den Weg »ybers blath uf Zugspitz« angegeben. Weitere Zeugnisse einer Besteigung liegen nicht vor.

21. Juli 1820: Lieutenant Josef Naus erkundet den Weg bis zum Schneeferner.

27. August 1820: Erstbesteigung der Zugspitze (Westgipfel) durch den Lieutenant Josef Naus, seinen Gehilfen Maier (Vorname ist nicht überliefert) und den Bergführer Johann Georg Tauschl.

1823: Simon Resch aus Partenkirchen und der »Schaf-Toni« aus Telfs, damals Hirte im Reintal, steigen auf den Ostgipfel der Zugspitze.

18. September 1834: Simon Resch, sein 15-jähriger Sohn Johann und Johann Barth vulgo Hanni, der erste richtige Zugspitzführer, besteigen den Ostgipfel.

27. September 1834: Der Königliche Forstgehilfe Franz Oberst, sein Kollege Schwepfinger und Johann Barth stehen auf dem Ostgipfel. Die beiden Reschs sind auch dabei, drehen aber unterhalb des Gipfels um.

21. August 1835: Franz Oberst besteigt die Zugspitze zusammen mit dem Königlichen Forstgehilfen Sartori aus Garmisch, Johann Barth, dem »Söldner Urban aus Farchant als Träger« und dem Kreisphysikus Dr. Einsele aus Berchtesgaden.

1838: Zweite Besteigung des Westgipfels durch Joseph Feuerstein und Joseph Sonnweber im Rahmen von Vermessungsarbeiten.

1843: Der Schafhirte Peter Pfeifer besteigt den Westgipfel. Am 10. September folgt eine größere Partie mit Pfeifer als Bergführer.

1846: Sechs Turner besteigen die Zugspitze unter der Führung Johann Barths.

12. August 1851: Der Jagdgehilfe Michael Baur steigt allein über das Österreichische Schneekar nach Ehrwald ab.

22. September 1853: Karoline Pitzner ist die erste Frau auf der Zugspitze.

1857: Erste Überschreitung vom West- zum Ostgipfel durch Dr. Härtinger mit Führer Joseph Ostler.

23. August 1869: Erste Sektionstour auf die Zugspitze. 44 Touristen, vorwiegend aus München.

8. Juli 1871: Die Gebrüder Trench und ein Herr Cluster steigen mit den beiden Bergführern Sonweber von Ehrwald durch das Österreichische Schneekar auf die Zugspitze.

23. Juli 1871: Hermann von Barth besteigt die Zugspitze.

15. Oktober 1871: Dem Münchner Heinrich Waitzenbauer gelingt die erste von vielen Rekordbesteigungen. Max Krieger schildert sie so: »Waitzenbauer verließ am 14. Oktober abends 6 3/4 Uhr München, traf – von Weilheim aus mittels Stellwagen! – um 5.00 Uhr morgens in Partenkirchen ein, wo schon Koser Hans bereit stand, erreichte nach zwei Rasten beim Rainthalbauern und am Hinteren Anger um 10 Uhr 40 Minuten die Knorrhütte, wo eine Stunde Halt gemacht wurde, und befand sich um 2 Uhr 20 auf dem Gipfel. Nach einstündigem Aufenthalte bei reiner Fernsicht wurde derselbe Rückweg genommen, vom Hinteren Anger aus mit Laterne maschiert, um 9 Uhr 45 abends Partenkirchen, um 4.00 Uhr morgens mittelst Einspänner, der den bereits abgegangenen Omnibus einholen mußte, Weilheim und um 7 1/4 Uhr München erreicht; Waitzenbauer hatte also die Tour hin und her in nur 36 1/2 Stunden zurückgelegt!«

5. August 1873: Erster direkter Aufstieg vom Schneeferner zum Ostgipfel durch Carl Kinkelin.

26. September 1876: Franz Tillmetz, Franz Johannes und den Bergführern Johann und Josef Dengg gelingt der erste Aufstieg durch das Höllental auf die Zugspitze.

21. August 1879: Josef Bessinger, Ludwig Gerdeissen und Franz Johannes begehen mit Joseph Sonweber eine neue Route aus dem Bayerischen Schneekar zum Westgipfel.

7. Januar 1882: Erste Winterbesteigung des Westgipfels durch Ferdinand Kilger, Heinrich Schwaiger, Josef und Heinrich Zametzer und Alois Zott. Am 29. Januar holen sich Edward Theodore Compton und Johann Ostler die zweite Winterbesteigung. Sie gehen durch das Österreichische Schneekar.

2. August 1886: Erste Überschreitung von der Großen Riffelwandspitze zur Zugspitze durch Franz Resch und Clement Sam (III).

19. September 1896: Erste Gratüberschreitung von der Zugspitze zur Inneren Höllentalspitze durch Emil Diehl (III). Teil des Jubiläumsgrates.

1896: A. Fuchs und Gefährten steigen durch das Kar

»Neue Welt« auf den Schneefernerkopf (III). Heute eine beliebte Skiabfahrt.
2. September 1897: Ferdinand Henning gelingt die erste Überschreitung des gesamten Grates zwischen Zugspitze und Alpspitze (III). Heute Jubiläumsgrat genannt.
14. Juli 1900: Joseph Enzensperger macht die erste Überschreitung von der Zugspitze zum Schneefernerkopf (II).
29. Juni 1901: Der Waxensteinkamm zur Zugspitze wird in seiner gesamten Länge von Anton Heinrich überschritten (IV).
1903: Im Juli gelingt Hans Leberle und Max von Laßberg die erste Begehung der Wetterwandeck-Südwestwand, der »Wetterwand« (IV).
24. Juli 1906: Erste Begehung des Zugspitz-Nordgrates durch Hans Pfann und Hans von Hertling (IV).
8. September 1908: Erste Begehung der Südwestkante der Mittleren Wetterspitze (»Wetterkante«) durch Heinrich und Robert Haff (IV).
4. September 1911: Max Winkler steigt allein durch die Westwand des Schneefernerkopfes (IV–).
1919: Erste Begehung des Nordwestgrates auf das Zugspitzeck durch O. Leixl und R. Hoferer (V).
2./3. Oktober 1921: Karl Markert, Fritz Müller, Bruno Neigert und Anton Schmid legen eine neue Route durch die Südwestwand des Unmittelbaren Wetterwandecks (IV+).
20. Juni 1925: Erste Begehung der Zugspitzeck-Westwand durch Willo Welzenbach und Hubert Rüsch (V). Im selben Jahr gelingt Welzenbach und Karl Wien auch der Westsüdwestgrat (IV).
22. August 1926: Willo Welzenbach und Josef Dreher machen die erste Begehung der Südwand der Mittleren Wetterspitze (V–).
19./20. März 1927: Erste Winterbegehung des Jubiläumsgrates durch W. Hofmeier, Karl von Kraus und Karl Wien.
14. Juli 1929: Karl Wien und Georg von Kraus gelingt die erste Gesamtüberschreitung des Wettersteinkamms von der Zugspitze aus.
15. Juli 1932: Der arbeitslose Kellner Fritz Siegel geht barfuß auf die Zugspitze.
24. Dezember 1936: Otto Eidenschink macht die erste winterliche Alleinbegehung von Blassen- und Jubiläumsgrat.
13. Februar 1939: Erste Winterbegehung der »Wetterkante« an der Mittleren Wetterspitze durch Otto Eidenschink und Hans Lanig.
1955: Im Februar geling Alfred und Heinrich Mather die erste Winterüberschreitung von der Zugspitze zum Großen Waxenstein.
24. August 1955: In drei Stunden läuft der 20-jährige Zimmermann Willi Grigoleit aus Entenbach bei Kaiserslautern durch das Höllental auf die Zugspitze. Am Tag zuvor hatte er dies schon mal gemacht – allerdings ohne Zeugen.
27. – 30. Dezember 1955: Erste Winterüberschreitung des gesamten Wettersteinhauptkamms von der Wettersteinspitze zur Zugspitze durch Hannes Niederberger und Georg Maier.
15. – 21. Februar 1959: Erste Winterüberschreitung der gesamten Wettersteinumrahmung von der Alpspitze über die Zugspitze zur Unteren Wettersteinspitze durch Horst Wels, Helmut Albrecht, Eduard Bunczak und Günter Wolf.
1966: A. Larcher und P. Steiner begehen die Holzerwand auf das Holzereck (VI/A2).
7. Oktober 1977: Erste Begehung der Schneefernerkopf-Westwand durch A. Larcher, W. Fuchs und L. Jetler (VI).
10. August 1980: Erste Begehung des »Schneekarpfeilers« am Zugspitzeck durch W. Fuchs und K. H. Schennach (V+). Am selben Tag steigen G. Kerber, H. Somweber und R. Bader über den Westwandpfeiler auf den Schneefernerkopf (V).
1983: Erste Begehung des »Arnold-Larcher-Gedächtniswegs« durch die Westwand des Schneefernerkopfes durch G. Kerber, R. Cremaschi, C. und P. Spielmann (V).
11. – 17. März 1986: Istvan Mozes und Thomas Tivadar begehen eine neue Route durch die Nordwand der Zugspitze und widmen sie ihrem verunglückten Freund Rudi Winkler (IV+/A0/80°).
31. Dezember 1989: Istvan Mozes und Thomas Tivadar begehen »Orinoco Flow« (IV+/A0/90°) in der Nordwand der Zugspitze.
26. Juli 1998: Der 65-jährige Johann Sanktjohanser aus Garmisch-Partenkirchen steht zum 100. Mal auf der Zugspitze – er macht alle seine Besteigungen barfuß.
2000: Peter Riesch hält den Rekord für die schnellste Zugspitzbesteigung. Für die Strecke durch das Höllental braucht er 1 Stunde 57 Minuten und 21 Sekunden. Wenn er gut in Form ist, läuft der 31-Jährige an einem Tag dreimal auf den Berg – insgesamt sind das 6600 Höhenmeter.

Literatur

Zugspitze – Bücher

Ballerstedt, Otto. Aus unserer Bergwelt: Mit einer Zugspitz-Gipfelschau als Beilage. Niederalteich: Dreiberg, 1933.
Barth, Hermann von. Gesammelte Schriften (Hrsg. Karl Bünsch und Max Rohrer). München: Alpine Verlags-Anstalt, 1926.
Barth, Hermann von. Aus den Nördlichen Kalkalpen. München: Süddeutscher Verlag, 1984.
Bergführerordnung Garmisch-Partenkirchen. Garmisch: ohne Verlag, 1928.
Die Bayerische Zugspitzbahn. AEG-Mitteilungen: April 1931, Heft 4 (S. 206 – 291).
Cropp, Johann Albrecht. Von der Nordsee auf die Zugspitze: Eine Wanderung durch Deutschland. Eschborn: Alpha 9, 1977.
Die Fünfzigjahrfeier des Observatoriums Zugspitze. Bad Kissingen: Deutscher Wetterdienst in der US-Zone Nr. 31, 1951.
Doposcheg, Josef. Die Zugspitze: Ersteigungs-Geschichte, Orographie, Klima und touristisch-geologisch-botanischer Führer auf den Zugangswegen und Anstiegslinien. Garmisch: Adam, 1921.
Doposcheg, Josef. Zugspitze und Zugspitzbahn: Geschichtlich-naturkundlicher Führer. Garmisch: Adam, 1934.
Durner, Günter/Kuban, Andres/Wiesner, Ulrike. Werdenfels Aktiv Alpin: Der Freizeitführer für Garmisch-Partenkirchen und Umgebung. Garmisch-Partenkirchen: AM-Berg Verlag, 2000.
Eckert, Gerhard. Die Zugspitze: Höchster Berg in Deutschland; Landschaft–Menschen–Kultur. Husum: Husum Druck- und Verlagsgesellschaft, 1995.
Eidenschink, Otto. Steil und steinig: Ein nicht immer leichtes Bergsteigerleben, Köngen: Panico, 1999.
Eidenschink, Robert. Die Zugspitze: Von der Erstbesteigung bis zur Erschließung für den Massentourismus. München: Zulassungsarbeit, 1995.
Enzensperger, Josef. Ein Bergsteigerleben. München: Akademischer Alpenverein, 1904.
Enzensperger, Josef. Meteorologe und Kletterer (Bearbeitet von Horst Höfler). München: Verlag J. Berg, 1990.
Festschrift zur Eröffnung der Bayerischen Zugspitzbahn am 8. Juli 1930: Sonderdruck aus der illustrierten Heimatzeitschrift »Das Bayerland«. München: Bayerland-Verlag, 1930.
Gaiser, Gerd. Die Berge um Garmisch: der Wetterstein – Kleinod der Garmischer Berge, mit Maleraugen gesehen. München: Schloendorn, 1967.

Garmisch-Partenkirchen, Zugspitze, Mittenwald, Königsschlösser, Innsbruck usw. mit Wintersportanhang. Berlin: Grieben, 1942.
Geschichte der Alpenvereins-Section München. München: Verlag der Alpenvereinssection München, 1900.
Geschichte der Alpenvereinssektion München, Band 2. München: Verlag der Alpenvereinssektion München, 1934.
100 Jahre Sektion München des DAV. München: Verlag der Alpenvereinssektion München, 1968.
Geschichte der Meteorologie in Deutschland, Band 4. »Die Geschichte der Wetterstation Zugspitze«. Offenbach: Deutscher Wetterdienst, 2000.
Greiff, Christian. Der Zugspitz. München: Feder, 1959.
Härter, Günther/Beulke, Stefan. Alpenvereinsführer Wetterstein und Mieminger Kette. München: Bergverlag Rudolf Rother, 4. Aufl. 1991.
Hauer, Hans. Klima und Wetter der Zugspitze: 50 Jahre meteorologische Beobachtungen des Observatoriums Zugspitze. Bad Kissingen: Berichte des Deutschen Wetterdienstes in der US-Zone Nr. 16, 1950.
Hibler, Ignatz Johann. Geschichte des oberen Loisachtales und der Grafschaft Werdenfels, Garmisch: Selbstverlag, 1908.
Hibler, Ignatz Johann. Der Eibsee und der Badersee: Eine kultur- und wirtschaftsgeschichtliche Studie. München: Müller, 1918
Hiebeler, Toni. Die Zugspitze: Von der Erstbesteigung bis heute. München: Mosaik Verlag, 1979.
Hirth, Siegfried. Orientierungsschlüssel zum Zugspitzpanorama. München: Geoplastisches Atelier, 1906.
Huber, Anton. Das Klima der Zugspitze. Beobachtungen der meteorologischen Stationen im Königreich Bayern Bd. 35, 1913.
Illustrierter Führer von Garmisch-Partenkirchen, Zugspitze und Mittenwald. Leipzig: Woerl, 1925.
Krieger, Max. Geschichte der Zugspitz-Besteigungen nach einem in der Alpenvereinssektion München gehaltenen, später ergänzten Vortrage. Garmisch: A. Adam, 1884.
Leberle, Hans. Führer durch das Wettersteingebirge. München: Lindauer, 1927.
Lipp, Richard. Außerfern. Innsbruck, Wien: Tyrolia, 1994.
Müller, Wolfgang Adolf. Die Erbauung einer elektrischen Bahn auf die Zugspitze. Berlin: Verlag der Zeitschrift für das gesamte Turbinenwesen, 1905.
Noé, Heinrich. Deutsches Alpenbuch I. Band: Naturansichten und Gestalten aus Salzkammergut, Oberbaiern und Algäu. Glogau: Verlag von Carl Flemming, 1875.
Ott, Christoph. Die Zugspitz-Expedition zur Errichtung eines vergoldeten Eisen-Cylinder-Kreuzes auf dem höchsten westlichen Zugspitzgiebel am 11., 12. und 13. August 1851. München: Christian Kaiser, 1851.
Partenkirchen im bayerischen Hochgebirge: Am Fuße der Zugspitze, 720 Meter über dem Meere. Partenkirchen: Verlag des Werdenfelser Anzeiger, 1914.
Peter, Ernst. Die Zugspitze. Stuttgart: Deutsche Verlagsanstalt, 1905.
Pizzinini, Meinrad. 60 Jahre Tiroler Zugspitzbahn. Ehrwald: Tiroler Zugspitzbahn, 1986.
Pohl, Werner/Höfler, Horst. 100 Jahre Münchner Haus: Seine Geschichte, seine Wege. München: Sektion München des DAV, 1997.
Preuß, Erich. Die Bayerische Zugspitzbahn und ihre Seilbahnen. Stuttgart: transpress, 1997.
Schlagintweit, Adolf. Beobachtungen über die geologischen Verhältnisse der bayerischen Alpen, in den Umgebungen der Zugspitze und des Wetterdienstes. Berlin: Unger, o. J.
Schmidt, Bernhard. Die Zugspitze – Der Millionenberg: Die Geschichte der bayerischen Zugspitzbahnen. Unveröffentlichtes Manuskript, 1983.
Schmidt, Maximilian. Der Zuggeist: Erzählung aus dem bayerischen Hochgebirge. München: Callwey, 1887.
Schmitt, Fritz. Alpinmonografie Wetterstein: Täler, Grate und Wände. München: Bergverlag Rudolf Rother, 1979.
Schott, Heinrich. Die Zugspitze: Gipfel der Technik, Triumphe und Tragödien. München: Süddeutscher Verlag, 1987.
Schwarz, Peter. Das Molybdänbergwerk Höllental 1907 – 1925. München: Oldenbourg, 1992.
Seibert, Dieter. Bergwanderungen rund um die Zugspitze. Ottobrunn: Bergverlag Rudolf Rother, 1997.
Seitz, Gabriele. Wo Europa den Himmel berührt: Die Entdeckung der Alpen. München, Zürich: Artemis, 1987.
Sickert, Adolf. Tiroler Zugspitzbahn. Ehrwald: Selbstverlag, o. J.
Steinitzer, Alfred. Die Zugspitze: Ihre Anstiegsrouten und Hütten. München: Verlag der Deutschen Alpenzeitung, 1911.
Stieler, Karl/Schmid, Herman. Aus deutschen Bergen: Ein Gedenkbuch vom bayrischen Gebirge und Salzkammergut. Stuttgart: Kröner, 1873.
Ther, Otto Hannes. Sektion München des DAV 125 Jahre jung: Eine Jubiläumsschrift. München: Deutscher Alpenverein, 1994.
Wehrle, Charly. Bergsteiger ohne Maske: Franz Fischer – Hüttenwirt und Original. Köngen: Panico, 1998.
Wehrle, Charly. Kletterwelt Oberreintal: Wände – Grate – Dome. Köngen: Panico, 1997.
Werneck, Max. Die Zugspitze: Mit der Bayerischen Zugspitzbahn auf Deutschlands höchsten Berg. Immenstadt: Eberl, 1964.
Woratschek, Herbert/Zieschang, Klaus/Maiwald, Annetta. Bewertung der alpinen Skisport-Infrastruktur von Garmisch-Partenkirchen aus der Perspektive der Nutzer. Bayreuth: Universität Bayreuth, 1999.
Zak, Heinz. Wetterstein. München: Bergverlag Rudolf Rother, 1998.
Zeitschrift für Reise und Verkehr in Oberbayern: Die Bayerische Zugspitzbahn. Garmisch: Lang, 1933.
Zeitschrift für Reise und Verkehr in Oberbayern: Garmisch-Partenkirchen und das Bayerische Zugspitzbahn-Gebiet. Garmisch: Lang, 1937.

Zugspitze – Die wichtigsten Artikel aus Büchern, Zeitschriften, Zeitungen

Billmeier, Hanns. »Der böse Geist vom Zugspitz«, in: Jahrbuch des Deutschen Alpenvereins 1962. München: Alpiner Verlag Fritz Schmitt, 1962.
Broll, Christine. »Durch die Höllentalklamm zum Fuß der Zugspitze«, in: Bergsteiger 11/1999, S.40 – 42.
Brunner, Wolfgang. »75 Jahre Wetterstation Zugspitze«, in: Jahrbuch des Deutschen Alpenvereins 1975. München, Innsbruck: Deutscher und Österreichischer Alpenverein, 1975.
Dauer, Tom. »Der erschlossene Berg«, in: BERGE 2/2000: Die Zugspitze, S. 18 – 27.
Eberle, Karl und Rudolf Huber. »Flugzeug zerschellt an der Zugspitze«, Münchner Abendzeitung, 11. 11. 1996.
Einsele, Anton. »Illustrierte Zugspitz-Reportage«, in: Deutsches Hausbuch, von Guido Görres. IV. Heft, 1846.

Erfle, Anne. »Zeige deine Krallen«, Süddeutsche Zeitung, 8. 8. 1999.
Fechter, Elisabeth. »Gipfelstürmer«, Weltkunst Moderne, 15. 10. 1999.
Feth, Gerd Gregor. »High-tech ganz wörtlich genommen«, Frankfurter Allgemeine Zeitung, 24. 10. 1995.
Finkenzeller, Roswin. »Gezähmter Gipfel«, Frankfurter Allgemeine Zeitung, 26. 1. 1991.
Gervink, Angela. »Großeinsatz: Schneefernerhaus in Flammen«, Garmisch-Partenkirchner Tagblatt, 22./23. 10. 1994.

Geus, Theodor. »Das biblische Jerusalem in den bayerischen Bergen«, Frankfurter Allgemeine Zeitung, 4. 5. 1980.
Grabherr, Georg. »Karges Leben im harten Fels: Ein Blick in das faszinierende Leben der Alpenblumen«, in BERGE Nr. 8: Zugspitze und Wettersteingebirge, S.19 – 22.
Graßler, Franz. »Aus dem Leben von Josef Naus: Neues über den Erstbesteiger der Zugspitze«, in: Bergsteiger 10/1970, S. 734 – 736.
Graßler, Franz. »Josef Naus und seine Nachfolger: Wie der königlich bayerische Leutnant 1820 Deutschlands höchsten Berg erstieg«, in BERGE Nr. 8: Zugspitze und Wettersteingebirge, S. 39 – 40.
Großkopff, Rudolf. »Der Gipfel der Freiheit«, Deutsches Allgemeines Sonntagsblatt, 15. 2. 1987.
Hauschild, Joachim. »Auf dem höchsten Berg ist eine Nixe gestrandet«, art, 1. 8. 1995.
Hellmann, Philip. »Zugspitz Express«, in: snow 2/1999, S. 85 – 89.
Herbke, Stefan. »Die Zugspitze für Bergsteiger«, in: BERGE Nr. 2/2000: Zugspitze, S. 34 – 38.
Hermann, Sybille. »Wo Ganghofer träumte«, Die Zeit, 13. 2. 1976.
Hertwig, Robert P. »Skispaß auf sonnigen Zugspitzhöhen«, Die Welt, 26. 2. 1993.
Hoch, Angelika. »Mit Seilen und Zähnen«, in: BERGE Nr. 2/2000: Zugspitze, S. 42 – 47.
Hoch, Angelika. »Logenplatz im Gewitter-Theater«, Süddeutsche Zeitung, 15./16. 7. 2000.
Hoch, Angelika. »Ermittlungen gegen Triebfahrzeugführer«, Süddeutsche Zeitung, 8./9. 7. 2000.
Hoch, Angelika. »Die Aufsicht delegiert«, Süddeutsche Zeitung, 15. 6. 2000
Hoch, Angelika. »Fahrdienstleiter verweigert die Aussage«, Süddeutsche Zeitung, 14. 6. 2000.
Hoch, Angelika. »Alle Verletzten außer Lebensgefahr«, Süddeutsche Zeitung, 13. 6. 2000.
Hoch, Angelika. »Ein neuer Tunnel rettet noch nicht das Loisachtal«, Süddeutsche Zeitung, 29. 5. 2000.
Hoch, Angelika. »Garmischer sind Touristen nicht freundlich genug«, Süddeutsche Zeitung, 13. 4. 2000.
Hoch, Angelika. »Pistenraupe löst Lawine auf der Zugspitze aus«, Süddeutsche Zeitung, 13. 1. 2000.
Hoch, Angelika. »Warndienst stufte die Lage als ›sicher‹ ein«, Süddeutsche Zeitung, 12. 1. 2000.
Hoch, Angelika. »Auf dem höchsten Gipfel der Gefühle«, Süddeutsche Zeitung, 26. 11. 1998.
Hoch, Angelika. »Klimaforscher auf der Zugspitze legen los«, Süddeutsche Zeitung, 22. 10. 1998.
Hoch, Angelika. »Individuelle Pflege soll Skipisten schonen«, Süddeutsche Zeitung, 3. 12. 1997.
Hoch, Angelika. »Klimaforscher hoffen auf Geldregen«, Süddeutsche Zeitung, 12. 12. 1996.
Hoch, Angelika. »Klimaforscher hat es auf der Zugspitze kalt erwischt«, Süddeutsche Zeitung, 2. 11. 1996.
Hoch, Angelika. »›Mini-Ozonloch‹ über dem Zugspitzgipfel«, Süddeutsche Zeitung, 27. 3. 1996.
Hoch, Angelika. »Kamp dem Müllberg auf der Zugspitze«, Süddeutsche Zeitung, 29. 5. 1995.
Hoch, Angelika. »Schneefernerhaus in Flammen«, Süddeutsche Zeitung, 22. 10. 1994.
Hoch, Angelika. »Umweltforscher erklimmen die Zugspitze«, Süddeutsche Zeitung, 14. 9. 1994.
Hoch, Angelika. »Hamburger Tagesausflug zum Platt«, Süddeutsche Zeitung, 21. 1. 1994.
Hoch, Angelika. »Der ideale Platz für Gipfeltreffen«, Süddeutsche Zeitung, 29. 10. 1993.
Hoch, Angelika. »Gipfel der Klimaforschung«, Süddeutsche Zeitung, 30. 8. 1993.
Hoch, Angelika. »Hochfliegende Pläne auf der Zugspitze«, Süddeutsche Zeitung, 8. 7. 1991.
Hoch, Angelika. »Die Zugspitzbahn will hoch hinaus«, Süddeutsche Zeitung, 22. 6. 1991.
Höfler, Horst. »Die Reintalangerhütte«, in: Bergsteiger 6/2000, S. 64 – 67.
Horny, Tinga. »Warum der Hirsch im Himmel schwebt«, Handelsblatt, 28. 1. 2000.
Horváth, Ödön von. »Revolte auf Côte 3018 / Die Bergbahn«, in: Zur schönen Aussicht. Gesammelte Werke, Band 1. Frankfurt am Main: Suhrkamp, 1985, S. 45 – 132.
Kachelmann, Jörg. »Zukunft … Der Wettervorhersage«, in: Magazin der Süddeutschen Zeitung vom 13. 6. 1997, S. 8.
Kammer, Bernhard/Rosenmeier, Ludwig. »Die Vermessung der Zugspitze, 1804 – Erstbesteigung der Zugspitze durch Ingenieur-Geographen?«, in: Alpinismus 4/1978, S. 14 – 16.
Kirch, Konrad. »Unterwegs im Wetterstein«, in: DAV Panorama 6/1999, S. 17 – 26.
Klier, Walter. »Deutschlands höchster Gupf: Die Geschichte der Zugspitze«, in: Heinz Zak. Wetterstein. München: Bergverlag Rudolf Rother, 1998, S. 7 – 36.
Knapp, Gottfried. »Über allen Gipfeln ist Kunst«, Süddeutsche Zeitung, 7. 2. 1998.
König, Fred. »Diese Abfahrt ist einfach Spitze«, Bunte, 22. 4. 1982.
Krohn, Olaf. »Der Weißheit letzter Schluß«, Die Zeit, 13. 1. 1995.
Lamberz, André. »2964 Meter! Höchste Wohnung Deutschlands«, Bild am Sonntag, 22. 9. 1996.
Leberle, Hans. »Das Wettersteingebirge, Teil 1«, in: Zeitschrift des Deutschen und Oesterreichischen Alpenvereins, Jahrgang 1904, Band XXXV, S. 250 – 262.
Leberle, Hans. »Das Wettersteingebirge, Teil 2«, in: Zeitschrift des Deutschen und Oesterreichischen Alpenvereins, Jahrgang 1905, Band XXXVI, S. 220 – 235.
Lüdecke, Cornelia. »100 Jahre Wetterstation Zugspitze«, in: alpinwelt Sommer/Herbst 2000, S. 18 – 21.
Mack, Gerhard. »Der Berg ruft«, Die Woche, 2. 8. 1996.
Magerer, Hermann. »Immer wieder Jubiläumsgrat«, in: Hermann Magerer. Bergauf – Bergab: Erzählungen mit Hintergedanken. München: Bergverlag Rudolf Rother, 1999, S. 27 – 36.
Magerer, Hermann. »Ich fahre immer wieder gern nach Garmisch-Partenkirchen«, in: Hermann Magerer. Bergauf – Bergab: Erzählungen mit Hintergedanken, a. a. O., S. 140 – 144.
Mazzoni, Ira. »Kunst auf der Zugspitze«, Süddeutsche Zeitung, 12. 7. 1995.
Mehnert, Volkert. »Trauriger Gipfel aus Stahl und Beton«, Frankfurter Allgemeine Zeitung, 8. 1. 1998.
Merker, Ingeborg. »Für Erlebnisse wie geschaffen«, Hamburger Abendblatt, 18. 5. 1991.
Meyer, Peter. »Richard Strauss und Garmisch: Auf den Spuren eines großen Komponisten«, in BERGE Nr. 8: Zugspitze und Wettersteingebirge, S. 53 – 55.
Müller, Carl. »Der erste Zugspitzersteiger und sein Tagebuch«, in: Deutsche Alpenzeitung, 16. Jahrgang, 1920, S. 164 – 166.

Müller, Dorothee. »Blind auf dem Gipfel«, Süddeutsche Zeitung, 19. 8. 1999.
Müller, Elisabeth. »Die Kunst stürmt den Gipfel«, Abendzeitung, 15. 12. 1995.
Pietsch, Peter. »Deutschland for Sale«, Forbes, 1. 4. 1993.
Prielmayer, Max von. »Das Wetterstein Gebirge«, in: Max von Prielmayer. Die Erschließung der Ostalpen (I. Band: Die Nördlichen Kalkalpen). Berlin: Verlag des Deutschen und Oesterreichischen Alpenvereins, 1893, S. 120 – 168)
Putschögl, Monika. »Die Wintermetropole«, Die Zeit, 2. 12. 1999.
Radlmaier, Andreas. »Mit Meerjungfrau zum Gipfel«, Abendzeitung, 22. 6. 1995.
Reitzenstein, Wolf-Armin Frhr. von. »Zugspitz«, Sonderdruck der Blätter für oberdeutsche Namenforschung, Heft 1/2 (Hrsg. von Karl Puchner). Verband für Flurnamenforschung in Bayern e.V., 1965.
Reuter, Sabine. »Die ›Stütze 4‹ ist nur für Geübte«, Süddeutsche Zeitung, 17. 2. 1987.
Righi, Roberta de. »Ihr seid hier der Zoo!«, Abendzeitung, 24. 1. 2000.
Ritschel, Bernd. »Balanceakt am Berg: Die Sicherheitskontrolle der Eibsee-Seilbahn verlangt artistischen Einsatz«, in: Globo 3/2000, S. 80 – 83.
Roth, Hermann. »Das Schneefernerhaus und die Gipfelbahn zur Zugspitze«, in: Das Bayerland: Illustrierte Halbmonatschrift für Bayerns Land und Volk. München: Bayerland-Verlag, Nummer 4, 1931.
Rübesamen, Hans Eckart. »Auf die Zugspitze! Kleine Satire aus der Sicht eines unverbesserlichen Fußgängers«, in BERGE Nr. 8: Zugspitze und Wettersteingebirge, S. 36 – 38.
Schmalz, Peter. »Deutschlands höchste Quadratmeter werden noch weiter ›geliftet‹«, Die Welt, 17. 11. 1983.
Schmitt, Fritz. »Edward Theodore Compton«, in: Mitteilungen des Deutschen Alpenvereins, 13. Jahrgang, 1961, S. 44 – 47.
Schmitt, Fritz. »Edward Theodore Compton: Ein Maler und Bergsteiger«, in: Österreichische Alpenzeitung, 103. Jahrgang, November/Dezember 1985, S. 126 – 134.
Schneider, Wolf. »Zum Schauen bestellt«, in: GEO 3/1986, S. 76 – 80.
Schott, Heinrich. »Lawine von der Riffelscharte legt Zugspitz-Bahnen lahm«, Münchner Merkur, 12. 3. 1973.
Schott, Heinrich. »Schwere Lawine über Zahnradbahn«, Münchner Merkur, 11. 4. 1975.
Schott, Heinrich. »Als das Erzfieber die unheimlichen Berggeister vertrieb«, Münchner Merkur, 6. 9. 1977.
Schröck, Rudolf. »Ein Tiroler kauft sich ein Stück Zugspitze«, Münchner Abendzeitung, 5. 10. 1988.
Schurdel, Harry. »Rotes Sacktuch im weißen Donnerwetter«, Die Welt, 26. 8. 1995.
Schustereder, Thomas. »Wetter und Warte«, in: BERGE Nr. 2/2000: Zugspitze, S. 28 – 33.
Sonna, Birgit. »Seiltanzender Hirsch«, Süddeutsche Zeitung, 26. 1. 2000.
Stankiewitz, Karl. »Deutschlands höchstgelegenes Haus«, Frankfurter Rundschau, 21. 6. 1997.
Stankiewitz, Karl. »Das Gesundwerden in der Bergnatur«, Frankfurter Rundschau, 26. 10. 1996.
Stankiewitz, Karl. »Die Zugspitze soll bald zur Ruhe kommen«, Frankfurter Rundschau, 14. 10. 1995
Stankiewitz, Karl. »Der Wettlauf um die Zugspitze«, Süddeutsche Zeitung, 8. 11. 1991.
Stankiewitz, Karl. »Frühwarnung vom Gipfel«, Kölner Stadtanzeiger, 5. 10. 1988.
Stankiewitz, Karl. »Abwärts keine Probleme«, Kölner Stadtanzeiger, 6. 5. 1987.
Storto, Helga. »Zu Füßen der Zugspitze«, Tagesspiegel, 13. 9. 1987.
Tivadar, Thomas. »Eine Route für den Freund«, in: Bergsteiger 12/1986, S. 28 – 33.
Tivadar, Thomas. »Sieg und Niederlage«, in: Bergsteiger 2/1990, S. 30 – 33.
Uber, Heiner. »Über allen Gipfeln ist Kunst«, Die Zeit, 14. 7. 1995.
Wagner, Franz Xaver. »Höllentalabwärts ist schöner«, in: Heinz Zak. Wetterstein. München: Bergverlag Rudolf Rother, 1998, S. 37 – 38.
Weißmoser, Hans. »Auf die Spitze getrieben«, Die Zeit, 14. 12. 1984.
Winterer, Paul. »100 Jahre Münchner Haus«, Münchner Abendzeitung, 25. 6. 1997.
Zak, Angelika. »Bergbau: Schatzsuche im Wetterstein«, in: Heinz Zak. Wetterstein, a. a. O., S. 43.
Zander, Brigitte. »Wonnemonat ohne Wonne«, Stern, 29. 5. 1991.
Zips, Martin. »Bergwanderer sterben an Erschöpfung«, Süddeutsche Zeitung, 7. 9. 1998.
Die Zugspitze. Illustrierte Reisezeitschrift für das Gebiet der Mittenwaldbahn 1926 – 1928. München: Boecklein, 1926.

Broschüren

50 Jahre Bayerische Zugspitzbahn. Garmisch-Partenkirchen: Bayerische Zugspitzbahn AG, 1980.
Daten und Technik. Garmisch-Partenkirchen: Bayerische Zugspitzbahn Bergbahn AG, 1998.
Der neue Rosi-Tunnel: Der direkte Weg zum Zugspitzplatt. Garmisch-Partenkirchen: Bayerische Zugspitzbahn AG, 1988.
Die neue Dimension auf der Zugspitze: Die neue Gletscher-Seilbahn verbindet die Bergstationen der Eibsee-Seilbahn und der Zahnradbahn. Garmisch-Partenkirchen: Bayerische Zugspitzbahn AG, 1992.
Grisebach, Lucius und **François Morellet**. François Morellet. Bayerische Zugspitzbahn Bergbahn AG: Garmisch-Partenkirchen, 1996.
Grisebach, Lucius und **Richard Long**. Richard Long. Bayerische Zugspitzbahn Bergbahn AG: Garmisch-Partenkirchen, 1998.
Grisebach, Lucius und **Roni Horn**. Roni Horn. Bayerische Zugspitzbahn Bergbahn AG: Garmisch-Partenkirchen, 1999.
Grisebach, Lucius und **Rémy Zaugg**. Sieben Stehpulte. Bayerische Zugspitzbahn Bergbahn AG: Garmisch-Partenkirchen, 1999.
Grisebach, Lucius und **Nikolaus Lang**. Nikolaus Lang. Bayerische Zugspitzbahn Bergbahn AG: Garmisch-Partenkirchen, 2000.

Grisebach, Lucius und **Rosemarie Trockel**. Rosemarie Trockel. Bayerische Zugspitzbahn Bergbahn AG: Garmisch-Partenkirchen, 2000.
Jubiläumschronik der Bayerischen Zugspitzbahn AG 1930 – 1955. Garmisch-Partenkirchen: Bayerische Zugspitzbahn AG, 1955.
Meilensteine. Garmisch-Partenkirchen: Bayerische Zugspitzbahn Bergbahn AG, 1999.
Zur Eröffnung der Seilbahn Eibsee-Zugspitze. Garmisch-Partenkirchen: Bayerische Zugspitzbahn AG, 1962.

Hintergrund

25 Jahre Karwendelbahn Mittenwald. Mittenwald: Karwendelbahn AG, 1992.
75 Jahre Bergwacht in Bayern: Herausgegeben zum 75-jährigen Bestehen der Bergwacht im Bayerischen Roten Kreuz. Nürnberg: Walter, 1995.
Amstädter, Rainer. Der Alpinismus: Kultur – Organisation – Politik. Wien: WUV-Universitätsverlag, 1996.
Barthes, Roland. Mythen des Alltags. Frankfurt am Main: Suhrkamp, 1964.

Bätzing, Werner. Die Alpen: Entstehung und Gefährdung einer europäischen Kulturlandschaft. München: Beck, 1991.
Bätzing, Werner. Kleines Alpenlexikon: Umwelt – Wirtschaft – Kultur. München: Beck, 1997.
Glauser, Peter/Siegrist, Dominik. Schauplatz Alpen: Gratwanderung in eine europäische Zukunft, 1997.
Hiebeler, Toni, Alpenlexikon. München: Mosaik, 1983.
Holzer, Anton/Elfferding, Wieland (Hrsg.). Ist es hier schön: Landschaft nach der ökologischen Krise. Wien: Turia und Kant, 2000.
Internationale Alpenschutz-Kommission CIPRA. Alpenreport 1: Daten, Fakten, Probleme, Lösungsansätze. Bern, Stuttgart, Wien: Haupt, 1998.
Köck, Christoph. Sehnsucht Abenteuer: Auf den Spuren der Erlebnisgesellschaft. Berlin: Transit, 1990.
Messner, Reinhold/Höfler, Horst (Hrsg.). Eugen Guido Lammer: Durst nach Todesgefahr. Augsburg: Steiger, 1999.
Moser, Patrick. »Die Königin der Bergbahnen und ihre Schattenseiten am Eigergletscher«, in: Daniel Anker (Hrsg.). Eiger: Die vertikale Arena. Zürich: AS Verlag, 2000, S. 50 – 61.
Pause, Michael (Hrsg.). Münchner Hausberge: Die klassischen Ziele. München, Wien, Zürich: BLV, 1998.
Stremlow, Matthias. Die Alpen aus der Untersicht: Von der Verheissung der nahen Fremde zur Sportarena. Bern, Stuttgart, Wien: Haupt, 1998.
Taut, Bruno. Alpine Architektur: In 5 Teilen und 30 Zeichnungen. Hagen: Folkwang, 1919.
Tschofen, Bernhard. Berg – Kultur – Moderne: Volkskundliches aus den Alpen. Wien: Sonderzahl, 1999.
Vietta, Silvio. Die vollendete Spekulation führt zur Natur zurück. Leipzig: Reclam, 1995.

Impressum

Titelabbildung: Die Zugspitze im Morgenlicht (Foto: Bernd Ritschel).

Umschlagrückseite: Der Ostgipfel der Zugspitze (Foto: Bernd Ritschel).

Bildnachweis: Alle Fotos von Bernd Ritschel mit Ausnahme der Abbildung auf Seite 85 (Achill Moser).
Historische Abbildungen: Seite 18/19: Archiv Hansjörg Barth; Seite 23: Photo Beckert, Garmisch-Partenkirchen; alle übrigen: Bayerische Zugspitzbahn Bergbahn AG.

Umschlaggestaltung: Studio Schübel, München

Konzeption: Heinrich Bauregger

Layout & Satz: Gramma GmbH

Übersichtskarte: Ingenieurbüro Christian Rolle, Umweltkartographie und Geoinformationstechnik, Holzkirchen.

Alle Angaben dieses Werkes wurden von den Autoren sorgfältig geprüft und auf den aktuellen Stand gebracht sowie vom Verlag auf Stimmigkeit geprüft. Für die Richtigkeit der Angaben kann jedoch keine Haftung übernommen werden. Für Hinweise und Anregungen sind wir jederzeit dankbar.

Bitte richten Sie diese an:
Bruckmann Verlag GmbH, Lektorat, Nymphenburger Str. 86, 80636 München

Gedruckt auf chlorfrei gebleichtem Papier

Die Deutsche Bibliothek – CIP-Einheitsaufnahme

Ein Titeldatensatz für diese Publikation ist bei der Deutschen Bibliothek erhältlich

Gesamtverzeichnis gratis:

Bruckmann Verlag GmbH, Nymphenburger Str. 86, 80636 München

Internet: www.bruckmann.de

Printed in Italy by Printer Trento s.r.l.
ISBN 3-7654-3583-X

Danke

Natürlich kommt so ein Buch nicht zustande ohne die Ideen und Anregungen vieler Menschen, mit denen wir uns unterhielten, die wir befragten. Ihnen allen gilt unser aufrichtiger Dank, selbst wenn wir sie nicht alle erwähnen können. Ganz besonders danken möchten wir Jutta Röder und Ela Ritschel, die mit nicht enden wollender Geduld, vor allem aber mit Rat und Tat unsere Bemühungen unterstützten. Mehr als einmal hätten sie Grund gehabt, uns auf den Mond zu schießen – oder auf die Zugspitze. Wir danken darüber hinaus allen Menschen, die ihre Zeit opferten, uns Auskunft zu geben über »ihren« Berg. Und allen, die sich fotografieren ließen. Was nicht selten ein gewisses Maß an Opferbereitschaft verlangt. Ein besonderer Dank gebührt Franz Werner, dem Leiter der PR-Abteilung der Bayerischen Zugspitzbahn Bergbahn AG. Seine unkomplizierte Hilfe in Sachen Archiv- und Bahnbenützung ersparte uns so manche Unannehmlichkeit. Immer hilfsbereit, immer gelassen und immer freundlich waren Klara Esters, Claudia Dambacher, Monika Ederer und Ellen Gawlik von der Bibliothek des Deutschen Alpenvereins. Ebenso Corinna Slotty aus der Dokumentationsabteilung von Gruner + Jahr, die uns auf unbürokratische Art wichtige Quellen erschloss. Dasselbe tat der langjährige Mitarbeiter der Zugspitzbahn, Werner Hauck, der uns voller Vertrauen unersetzbare Dokumente überließ. Ein Dank geht schließlich auch an die Mitarbeiter des Architekturmuseums München, die uns Einblick in Originalzeichnungen Bruno Tauts gewährten.